En kulinarisk middelhavsreise

100 OPPSKRIFTER FOR Å
UTFORSKE MIDDELHAVETS RIKE
SMAKER OG TRADISJONER

Ada Lien

Alle rettigheter forbeholdt.

Ansvarsfraskrivelse

Informasjonen i denne e-boken er ment å tjene som en omfattende samling av strategier som forfatteren av denne e-boken har forsket på. Oppsummeringer, strategier, tips og triks er kun anbefalinger fra forfatteren, og å lese denne e-boken vil ikke garantere at ens resultater nøyaktig vil speile forfatterens resultater. Forfatteren av e-boken har gjort alle rimelige anstrengelser for å gi oppdatert og nøyaktig informasjon til leserne av e-boken. Forfatteren og dens medarbeidere vil ikke holdes ansvarlige for eventuelle utilsiktede feil eller utelatelser som kan bli funnet. Materialet i e-boken kan inneholde informasjon fra tredjeparter. Tredjepartsmateriale består av meninger uttrykt av deres eiere. Som sådan påtar ikke forfatteren av e-boken seg ansvar eller ansvar for tredjepartsmateriale eller meninger. Enten på grunn av utviklingen av internett, eller uforutsette endringer i selskapets retningslinjer og redaksjonelle retningslinjer for innsending, kan det som er oppgitt som faktum på tidspunktet for skriving bli utdatert eller ubrukelig senere.

E-boken er copyright © 2023 med alle rettigheter reservert. Det er ulovlig å redistribuere, kopiere eller lage avledet arbeid fra denne e-boken helt eller delvis. Ingen deler av denne rapporten kan reproduseres eller retransmitteres i noen form for reprodusert eller retransmittert i noen form uten skriftlig uttrykt og signert tillatelse fra forfatteren.

INNHOLDSFORTEGNELSE

INNHOLDSFORTEGNELSE..4
INTRODUKSJON...8
MIDDELHAVS-APPETITSER..10
   1. Sprøde rekefritter..11
   2. Fylte tomater..14
   3. Salt torskefritter med Aioli...17
   4. Rekekroketter..21
   5. Crisp krydrede poteter..24
   6. Sreke gambas...27
   7. Blåskjellvinaigrette..30
   8. Risfylt paprika..33
   9. Calamari med rosmarin og chiliolje...........................36
   10. Tortellini salat..39
   11. Caprese pastasalat..41
   12. Balsamico bruschetta..43
   13. Pizza baller...46
   14. Kamskjell og prosciutto biter..................................49
   15. Auberginer med honning..52
   16. Pølse kokt i cider..55
   17. Italiensk kyllingdeigbiter...57
   18. Spansk biff kebab..59
   19. Crunchy italiensk popcornblanding.........................62
   20. Arancini baller...65
   21. Manchego med appelsinkonserver.........................69
   22. Italienske Nachos...73
   23. Kylling Pintxo..77
   24. Italiensk biff wrappers..80

25. Italienske Pepperoni Roll-ups...................................83

HOVEDRETT I MIDDELHAVET..86

26. Italiensk spansk ris..87
27. Italiensk Twist Paella...90
28. Spansk potetsalat..94
29. Spansk Carbonara...97
30. Kjøttboller i tomatsaus...100
31. Hvit bønnesuppe...103
32. Fiskesuppe..106
33. Pasta og Fagioli..109
34. Kjøttkaker og Tortellinisuppe...................................112
35. Kylling Marsala...115
36. Hvitløk cheddar kylling...118
37. Kylling Fettuccini Alfredo......................................121
38. Ziti med pølse..124
39. Pølse og paprika..127
40. Saucy lasagne...130
41. Diavolo sjømatmiddag..134
42. Linguine og reker scampi..137
43. Reker med pesto fløtesaus.......................................140
44. Fisk og Chorizosuppe..143
45. Spansk Ratatouille..146
46. Bønne- og chorizogryte..149
47. Gazpacho..152
48. Blekksprut og ris...155
49. Kaningryte i tomat..158
50. Reker med fennikel..161

MIDDELHAVSDESSERT..164

51. Sjokolade Panna Cotta...165
52. Cheesy Galette med Salami.......................................167
53. Tiramisu..170
54. Kremet Ricotta Pai..173

55. Anisette informasjonskapsler.................175
56. Panna cotta...............................178
57. Karamellflan..............................181
58. Katalansk krem............................184
59. Appelsin-sitron spansk krem...............187
60. Beruset melon.............................190
61. Mandelsorbet..............................192
62. Spansk epletorte..........................195
63. Karamellkrem _............................199
64. Spansk ostekake...........................202
65. Spansk stekt vaniljesaus..................205
66. Italiensk artisjokkpai....................209
67. Italiensk bakte fersken...................212
68. Krydret italiensk sviske-plommekake.......215
69. S pansk nøttegodteri......................219
70. H oney ed pudding.........................221
71. Spansk løktorte...........................224
72. Spansk pan soufflé........................227
73. Frossen honning Semifreddo................229
74. Zabaglione................................232
75. Affogato..................................235

MIDDELHAVSDRIKKER.................................237

76. Rom og ingefær............................238
77. Italiensk krembrus........................240
78. Spansk sangria............................242
79. Tinto de verano...........................245
80. Hvitvinsangria............................247
81. Horchata..................................250
82. Licor 43 Cuba Libre.......................253
83. Frukt Agua Fresca.........................255
84. Caipirinha................................257
85. Carajillo.................................259

86. Sitronlikør..261
87. Sgroppino..264
88. Aperol Spritz..266
89. Blackberry italiensk brus......................................268
90. Italiensk kaffe Granita...270
91. Italiensk basilikum lemonade...............................272
92. Gingermore..275
93. Hugo...277
94. Spansk frisk frukt frappé....................................280
95. Spansk-stil varm sjokolade.................................282
96. Grønn Chinotto...284
97. Rose Spritz...286
98. Honey bee cortado...288
99. Sitrusbitter..290
100. Pisco Sour...293

KONKLUSJON..**295**

INTRODUKSJON

Velkommen til "A Mediterranean Culinary Journey." Middelhavsregionen, med sine fantastiske landskap og mangfoldige kulturer, har lenge blitt feiret for sitt pulserende kjøkken som gjenspeiler essensen av selve livet. Denne kokeboken er en invitasjon til å fordype deg i smakene, fargene og historiene som har formet det kulinariske teppet i denne tidløse regionen.

Fra kysten av Hellas til åsene i Italia, fra markedene i Marokko til vingårdene i Spania, tilbyr hvert hjørne av Middelhavet en unik og fortryllende kulinarisk opplevelse. På disse sidene vil du oppdage en nøye utvalgt samling av oppskrifter som hyller regionens overflod av ferske ingredienser, aromatiske urter og dristige krydder. Enten du gjenskaper en tradisjonell familierett eller begir deg ut på et nytt kulinarisk eventyr, fanger disse oppskriftene hjertet og sjelen til middelhavsmat.

Forbered deg på å bli inspirert av enkelheten og elegansen som definerer middelhavskjøkkenet. Reisen vår sammen vil omfatte en blanding av sjømat, velduftende olivenolje, solkysste grønnsaker og de herlige melodiene av latter rundt bordet. Når du fordyper deg i oppskriftene, vil du ikke bare mestre teknikker, men også dyrke en forståelse for gleden ved å samle, dele og nyte livets gleder.

MIDDELHAVS-APPETITSER

1. Sprøde rekefritter

Serverer 6

Ingredienser :

- ½ pund små reker, skrellet
- 1½ kopper kikert eller vanlig mel
- 1 ss hakket fersk flatbladpersille
- 3 løk, hvit del og litt av de møre grønne toppene, finhakket
- ½ ts søt paprika/pimentong
- Salt
- Olivenolje til frityrsteking

Veibeskrivelse :

a) Kok rekene i en kjele med nok vann til å dekke dem og kok opp over høy varme.

b) I en bolle eller foodprosessor kombinerer du mel, persille, løk og pimentón for å produsere røren. Tilsett det avkjølte kokevannet og en klype salt.

c) Bland eller bearbeid til du har en tekstur som er litt tykkere enn pannekakerøre. Avkjøl i 1 time etter tildekking.

d) Ta rekene ut av kjøleskapet og finhakk dem. Kaffekvern bør være på størrelse med bitene.

e) Ta røren ut av kjøleskapet og rør inn rekene.

f) I en tung sautépanne, hell olivenolje til en dybde på ca. 1 tomme og varm opp over høy varme til den praktisk talt ryker.

g) For hver fritter, hell 1 ss røre i oljen og flat røren med baksiden av en skje til en sirkulær 3 1/2 tommer i diameter.

h) Stek i ca 1 minutt på hver side, roter én gang, eller til fritterne er gylne og sprø.

i) Fjern fritterne med en hullsleiv og legg på en ildfast form.

j) Server med en gang.

2. Fylte tomater

Ingredienser :

- 8 små tomater, eller 3 store
- 4 hardkokte egg, avkjølt og skrelt
- 6 ss Aioli eller majones
- Salt og pepper
- 1 ss persille, hakket
- 1 ss hvite brødsmuler, hvis du bruker store tomater

Veibeskrivelse :

a) Dypp tomatene i en kum med iskaldt eller ekstremt kaldt vann etter å ha flå dem i en panne med kokende vann i 10 sekunder.

b) Skjær av toppen av tomatene. Bruk en teskje eller en liten, skarp kniv, skrap av frøene og innmaten.

c) Mos eggene med Aioli (eller majones, hvis du bruker), salt, pepper og persille i en miksebolle.

d) Fyll tomatene med fyllet, trykk dem godt ned. Sett på lokkene i en skarp vinkel på små tomater.

e) Fyll tomatene til toppen, trykk godt til de er jevne. Avkjøl i 1 time før du skjærer i ringer med en skarp utskjæringskniv.

f) Pynt med persille .

3. Salt torskefritter med Aioli

Serverer 6

Ingredienser :

- 1 lb salt torsk , bløtlagt
- 3 1/2 oz tørket hvite brødsmuler
- 1/4 lb melete poteter
- Olivenolje, for grunn steking
- 1/4 kopp melk
- Sitronskiver og salatblader, til servering
- 6 vårløk finhakket
- Aioli

Veibeskrivelse :

a) I en panne med lettsaltet kokende vann koker du potetene uten skrelle i ca 20 minutter, eller til de er møre. Avløp.

b) Skrell potetene så snart de er kalde nok til å håndtere, og mos deretter med en gaffel eller en potetstapper.

c) Kombiner melken, halvparten av vårløken i en kjele og kok opp. Tilsett bløtlegging av torsken og posjer i 10-15 minutter, eller til den lett flaker seg. Fjern torsken fra pannen og flak den i en bolle med en gaffel, fjern bein og skinn.

d) Ha i 4 ss potetmos med torsken og kombiner med en tresleiv.

e) Arbeid inn olivenolje, og tilsett deretter resten av potetmosen gradvis. Bland den resterende vårløken og persille i en miksebolle.

f) Smak til med sitronsaft og pepper.

g) I en separat bolle, pisk ett egg til det er godt blandet, og avkjøl til det er fast.

h) Rull den avkjølte fiskeblandingen til 12-18 kuler, flat deretter forsiktig ut til små runde kaker.

i) Hver av dem skal meles først, deretter dyppes i det gjenværende sammenpiskede egget og avsluttes med tørre brødsmuler.

j) Avkjøl til den skal stekes.

k) I en stor, tung stekepanne, varm ca 3/4 tommers olje. Stek fritterne i ca 4 minutter på middels høy varme.

l) Snu dem og stek i ytterligere 4 minutter, eller til de er sprø og gylden på den andre siden.

m) Hell av på tørkepapir før servering med Aioli, sitronbåter og salatblader.

4. Rekekroketter

Gir ca 36 enheter

Ingredienser :

- 3 1/2 oz smør
- 4 oz vanlig mel
- 1 1/4 halvliter kald melk
- Salt og pepper
- 14 oz kokte skrellede reker, i terninger
- 2 ts tomatpuré
- 5 eller 6 ss fine brødsmuler
- 2 store egg, pisket
- Olivenolje til frityrsteking

Veibeskrivelse :

a) I en middels kjele, smelt smøret og tilsett melet mens du rører konstant.

b) Drypp den avkjølte melken sakte inn under konstant omrøring til du har en tykk, jevn saus.

c) Tilsett rekene, smak til med salt og pepper, og visp inn tomatpureen. Kok i ytterligere 7 til 8 minutter.

d) Ta en liten spiseskje av **ingrediensene** og rull den til en 1 1/2 - 2 tommers sylinder kroketter.

e) Rull krokettene i brødsmuler, deretter i det sammenpiskede egget, og til slutt i brødsmulene.

f) I en stor, tykkbunnet panne, varm oljen for frityrsteking til den når 350 °F eller en terning med brød blir gyldenbrun i løpet av 20-30 sekunder.

g) Stek i ca 5 minutter i grupper på ikke mer enn 3 eller 4 til de er gyldenbrune.

h) Ta ut kyllingen med en hullsleiv, la den renne av på kjøkkenpapir og server umiddelbart.

5. C risp krydrede poteter

Serverer: 4

Ingredienser :

- 3 ss olivenolje
- 4 rødbrune poteter, skrellet og terninger
- 2 ss hakket løk
- 2 fedd hvitløk, finhakket
- Salt og nykvernet sort pepper
- 1 1/2 ss spansk paprika
- 1/4 ts Tabascosaus
- 1/4 ts malt timian
- 1/2 kopp ketchup
- 1/2 kopp majones
- Hakket persille, til pynt
- 1 kopp olivenolje, til steking

Veibeskrivelse :

Brava sausen:

a) Varm 3 ss olivenolje i en kjele på middels varme. Surr løk og hvitløk til løken er myk.

b) Ta kjelen av varmen og visp inn paprika, tabascosaus og timian.

c) Kombiner ketchup og majones i en miksebolle.

d) Smak til med salt og pepper. Fjern fra ligningen.

Potetene:

e) Krydre potetene lett med salt og sort pepper.

f) Stek potetene i 1 kopp (8 fl. oz.) olivenolje i en stor stekepanne til de er gyldenbrune og gjennomstekt, vend av og til.

g) Tøm potetene på tørkepapir, smak på dem og smak til med ekstra salt om nødvendig.

h) For å holde potetene sprø, kombinere dem med sausen rett før servering.

i) Serveres varm, pyntet med hakket persille.

6. S reke gambas

Serverer 6

Ingredienser :

- 1/2 kopp olivenolje
- Saft av 1 sitron
- 2 ts havsalt
- 24 mellomstore reker , i skallet med hodene intakte

Veibeskrivelse :

a) I en miksebolle kombinerer du olivenolje, sitronsaft og salt og visp til det er grundig kombinert. For å belegge rekene lett, dypp dem i blandingen i noen sekunder.

b) Varm oljen over høy varme i en tørr panne. Arbeid i partier, legg til rekene i et enkelt lag uten å fylle pannen når den er veldig varm. 1 minutts brenning

c) Reduser varmen til middels og kok i ytterligere et minutt. Øk varmen til høy og stek rekene i ytterligere 2 minutter, eller til de er gyldne.

d) Hold rekene varme i lav ovn på en ildfast plate.

e) Kok de resterende rekene på samme måte.

7. Blåskjellvinaigrette

Porsjoner: Gir 30 tapas

Ingredienser :

- 2 1/2 dusin blåskjell, skrubbet og skjegg fjernet Strimlet salat
- 2 ss hakket grønn løk
- 2 ss hakket grønn pepper
- 2 ss finhakket rød pepper
- 1 ss hakket persille
- 4 ss olivenolje
- 2 ss eddik eller sitronsaft
- Dash rød peppersaus
- Salt etter smak

Veibeskrivelse :

a) Damp blåskjellene åpne.

b) Legg dem i en stor gryte med vann. Dekk til og kok over høy varme, rør i pannen av og til, til skjellene åpner seg. Fjern blåskjellene fra bålet og kast de som ikke åpner seg.

c) Blåskjell kan også varmes i mikrobølgeovnen for å åpne dem. Mikrobølgeovn dem i ett minutt ved maksimal effekt i en mikrobølgeovnsikker bolle, delvis dekket.

d) Mikrobølgeovn i et minutt til etter omrøring. Fjern eventuelle blåskjell som har åpnet seg og stek videre i mikrobølgeovnen i et minutt. Fjern de som er åpne igjen.

e) Fjern og kast de tomme skallene når de er kalde nok til å håndtere.

f) På et serveringsbrett legger du blåskjell på en seng med strimlet salat rett før servering.

g) Kombiner løk, grønn og rød paprika, persille, olje og eddik i en blandeskål.

h) Salt og rød peppersaus etter smak. Fyll skjellene til skjellene halvveis med blandingen.

8. Risfylt paprika

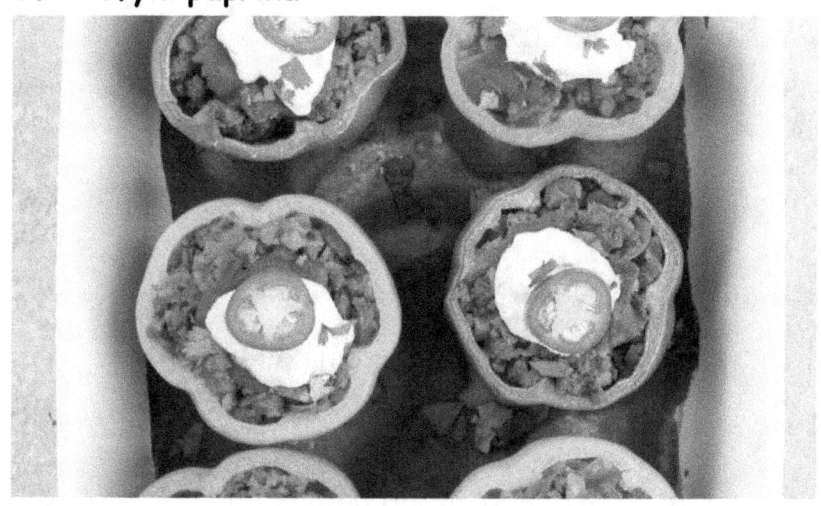

Porsjoner: 4

Ingredienser :

- 1 lb 2 oz kortkornet spansk ris, for eksempel Bomba eller Calasparra
- 2-3 ss olivenolje
- 4 store røde paprika
- 1 liten rød paprika, hakket
- 1/2 løk, hakket
- 1/2 tomat, flådd og hakket
- 5 oz hakket / hakket svinekjøtt eller 3 oz salt torsk
- Safran
- Finhakket fersk persille
- Salt

Veibeskrivelse :

a) Skrap ut de indre membranene med en teskje etter å ha kuttet av stilkene på paprikaene og lagret dem som lokk for å sette dem inn igjen senere.

b) Varm oljen og surr den røde paprikaen forsiktig til den er myk.

c) Stek løken til den er mør, tilsett deretter kjøttet og brun det lett, tilsett tomaten etter noen minutter, og tilsett deretter kokt pepper, rå ris, safran og persille. Smak til med salt etter smak.

d) Fyll paprikaene forsiktig og legg dem på sidene på en ildfast form, pass på at du ikke søler fyllet.

e) Stek retten i varm ovn i ca 1 1/2 time, dekket.

f) Risen kokes i tomat- og peppervæsken.

9. Calamari med rosmarin og chiliolje

Porsjoner: 4

Ingredienser :

- Ekstra virgin olivenolje
- 1 haug fersk rosmarin
- 2 hele røde chilier, frigjort og finhakket 150 ml enkeltkrem
- 3 eggeplommer
- 2 ss revet parmesanost
- 2 ss vanlig mel
- Salt og nykvernet sort pepper
- 1 hvitløksfedd, skrelt og knust
- 1 ts tørket oregano
- Vegetabilsk olje til frityrsteking
- 6 Blekksprut, renset og kuttet i ringer
- Salt

Veibeskrivelse :

a) For å lage dressingen, varm olivenolje i en liten kjele og rør inn rosmarin og chili. Fjern fra ligningen.

b) I en stor miksebolle, visp sammen fløte, eggeplommer, parmesanost, mel, hvitløk og oregano. Bland til røren er jevn. Smak til med sort pepper, nykvernet.

c) Forvarm oljen til 200°C for frityrsteking, eller til en brødterning blir brun på 30 sekunder.

d) Dypp blekksprutringene, en om gangen, i røren og legg dem forsiktig i oljen. Stek til de er gyldenbrune, ca 2-3 minutter.

e) Hell av på kjøkkenpapir og server umiddelbart med dressingen hellet på toppen. Smak eventuelt til med salt.

10. Tortellini salat

Porsjoner: 8

Ingredienser :

- 1 pakke trefarget ostetortellini
- $\frac{1}{2}$ kopp pepperoni i terninger
- $\frac{1}{4}$ kopp skåret løkløk
- 1 grønn paprika i terninger
- 1 kopp halverte cherrytomater
- $1\frac{1}{4}$ kopper skiver kalamata oliven
- $\frac{3}{4}$ kopp hakkede marinerte artisjokkhjerter 6 oz. mozzarellaost i terninger 1/3 kopp italiensk dressing

Veibeskrivelse :

a) Kok tortellinien i henhold til **instruksjonene på pakken** , og la den renne av.

b) Kast tortellinien med de resterende **ingrediensene** , unntatt dressingen, i en stor miksebolle.

c) Drypp dressingen på toppen.

d) Sett til side i 2 timer for å avkjøle.

11. Caprese pastasalat

Porsjoner: 8

Ingredienser :

- 2 kopper kokt penne pasta
- 1 kopp pesto
- 2 hakkede tomater
- 1 kopp mozzarellaost i terninger
- Salt og pepper etter smak
- 1/8 ts oregano
- 2 ts rødvinseddik

Veibeskrivelse :

a) Kok pastaen i henhold til pakkens **veiledning** , noe som bør ta ca. 12 minutter. Avløp.

b) Kombiner pasta, pesto, tomater og ost i en stor miksebolle; smak til med salt, pepper og oregano.

c) Drypp rødvinseddik på toppen.

d) Sett til side i 1 time i kjøleskapet.

12. Balsamico bruschetta

Porsjoner: 8

Ingredienser :

- 1 kopp roma tomater uten frø og terninger
- ¼ kopp hakket basilikum
- ½ kopp revet pecorinoost
- 1 finhakket hvitløksfedd
- 1 ss balsamicoeddik
- 1 ts olivenolje
- Salt og pepper etter smak – forsiktig, siden osten er noe salt alene.
- 1 skivet franskbrød
- 3 ss olivenolje
- ¼ ts hvitløkspulver
- ¼ ts basilikum

Veibeskrivelse :

a) Kombiner tomater, basilikum, pecorinoost og hvitløk i en blanderett.

b) I en liten miksebolle, visp sammen eddik og 1 ss olivenolje; legge til side. c)Drypp brødskivene med olivenolje, hvitløkspulver og basilikum.

c) Legg på en bakeplate og rist i 5 minutter på 350 grader.

d) Ta ut av ovnen. Legg så tomat- og osteblandingen på toppen.

e) Smak eventuelt til med salt og pepper.

f) Server med en gang.

13. Pizza baller

Porsjoner: 10

Ingredienser :

- 1 lb. smuldret malt pølse
- 2 kopper Bisquick blanding
- 1 hakket løk
- 3 hakkede hvitløksfedd
- ¾ ts italiensk krydder
- 2 kopper revet mozzarellaost
- 1 ½ kopp pizzasaus - delt
- ¼ kopp parmesanost

Veibeskrivelse :

a) Forvarm ovnen til 400 grader Fahrenheit.

b) Forbered en bakeplate ved å spraye den med non-stick matlagingsspray.

c) Bland pølse, Bisquick-miks, løk, hvitløk, italiensk krydder, mozzarellaost og 12 kopper pizzasaus sammen i en miksebolle.

d) Etter det, tilsett akkurat nok vann til å gjøre det brukbart.

e) Rull deigen til 1-tommers kuler.

f) Drypp parmesanosten over pizzabollene.

g) Etter det legger du kulene på bakeplaten du har forberedt.

h) Forvarm ovnen til 350°F og stek i 20 minutter.

i) Server med resten av pizzasausen ved siden av for dipping.

14. Kamskjell og prosciutto biter

Porsjoner: 8

Ingredienser :

- ½ kopp i tynne skiver prosciutto
- 3 ss kremost
- 1 lb. kamskjell
- 3 ss olivenolje
- 3 hakkede hvitløksfedd
- 3 ss parmesanost
- Salt og pepper etter smak – forsiktig, for prosciuttoen blir salt

Veibeskrivelse :

a) Påfør et lite lag med kremost på hver prosciutto-skive.

b) Pakk deretter en skive prosciutto rundt hvert kamskjell og fest med en tannpirker.

c) Varm opp olivenolje i en panne.

d) Stek hvitløken i 2 minutter i en panne.

e) Tilsett kamskjellene pakket inn i folie og stek i 2 minutter på hver side.

f) Fordel parmesanost på toppen.

g) Tilsett salt og pepper etter smak om ønskelig.

h) Vri ut overflødig væske med et papirhåndkle.

15. Auberginer med honning

Porsjoner : 2

Ingredienser :

- 3 ss honning
- 3 auberginer
- 2 kopper melk
- 1 ss salt
- 1 ss pepper
- 100 g mel
- 4 ss olivenolje

Veibeskrivelse :

a) Skjær auberginen i tynne skiver.

b) Kombiner auberginene i en røreform. Hell nok melk i kummen til å dekke auberginene helt. Smak til med en klype salt.

c) La stå i minst én time for å trekke.

d) Ta auberginene ut av melken og sett dem til side. Bruk mel og belegg hver skive. Ha i en salt- og pepperblanding.

e) Varm opp olivenolje i en panne. Frityrstekt aubergineskivene ved 180 grader C.

f) Legg de stekte auberginene på papirhåndklær for å absorbere overflødig olje.

g) Drypp auberginene med honning.

h) Tjene.

16. Pølse kokt i cider

Porsjoner : 3

Ingredienser :

- 2 kopper eplecider
- 8 chorizo pølser
- 1 ss olivenolje

Veibeskrivelse :

a) Skjær chorizoen i tynne skiver.

b) Varm opp oljen i en panne. Forvarm ovnen til middels.

c) Ha i chorizoen. Stek til fargen på maten endrer seg.

d) Hell i cider. Kok i 10 minutter, eller til sausen har tyknet noe.

e) Brød bør serveres til denne retten.

f) Nyt!!!

17. Italiensk kyllingdeigbiter

Porsjoner : 8 pakker

Ingrediens

- 1 boks Halvmåneruller (8 ruller)
- 1 kopp Hakket, kokt kylling
- 1 spiseskje Spaghetti saus
- ½ teskje Finhakket hvitløk
- 1 spiseskje Mozzarella ost

Veibeskrivelse :

a) Forvarm ovnen til 350 grader Fahrenheit. Kombiner kyllingen, sausen og hvitløken i en stekepanne og stek til den er gjennomvarm.

b) Trekanter laget av separate halvmåneruller. Fordel kyllingblandingen i midten av hver trekant.

c) Om ønskelig, fordel osten på lignende måte.

d) Klem sammen sidene på rullen og pakk rundt kyllingen.

e) På en bakestein, stek i 15 minutter, eller til den er gylden.

18. Spansk biff kebab

Porsjoner : 4 porsjoner

Ingrediens

- ½ kopp appelsinjuice
- ¼ kopp Tomat juice
- 2 teskjeer Oliven olje
- 1½ teskje Sitronsaft
- 1 teskje Eller e gano, tørket
- ½ teskje Paprika
- ½ teskje Spisskummen, malt
- ¼ teskje Salt
- ¼ teskje Pepper, svart
- 10 gram Benfritt magert biff; kuttet i 2" terninger
- 1 medium Rødløk; kuttes i 8 kiler
- 8 hver cherrytomater

Veibeskrivelse :

a) For å lage marinaden, kombiner appelsin- og tomatjuice, olje, sitronsaft, oregano, paprika, spisskummen, salt og pepper i en forseglbar plastpose på literstørrelse.

b) Tilsett kjøttterningene; forsegle posen, press ut luften; spinn for å belegge biffen.

c) Avkjøl i minst 2 timer eller over natten, sleng posen rundt av og til. Bruk nonstick matlagingsspray, belegg grillstativet.

d) Plasser grillstativet 5 tommer unna kullene. Følg produsentens anvisninger for grilling.

e) Tøm biffen og sett marinaden til side.

f) Bruk 4 metall- eller bløtlagte bambusspyd til å tre like mengder biff, løk og tomater.

g) Grill kebaben i 15-20 minutter, eller til den er ferdig etter din smak, roter og pensle med reservert marinade ofte.

19. Crunchy italiensk popcornblanding

Porsjoner : 10 porsjoner

Ingrediens

- 10 kopper Poppet popcorn; 3,5 oz, mikrobølgeovn pose er dette am oun t
- 3 kopper Bugle-formet mais snacks
- ¼ kopp Margarin eller smør
- 1 teskje italiensk krydder
- ½ teskje Hvitløkspulver
- ⅓ kopp Parmesan ost

Veibeskrivelse :

a) Kombiner popcorn og maissnacks i en stor bolle som kan brukes i mikrobølgeovn. Kombiner de resterende **ingrediensene** i et 1 kopps mikrosikkert mål , bortsett fra osten.

b) Mikrobølgeovn i 1 minutt på HØY, eller til margarinen smelter; røre. Hell popcornblandingen på toppen.

c) Rør til alt er likt belagt. Mikrobølgeovn uten lokk i 2-4 minutter til de er ristet, rør hvert minutt. Parmesanost bør drysses på toppen.

d) Serveres varm.

20. Arancini baller

Gjør 18

Ingredienser

- 2 ss olivenolje
- 15 g usaltet smør
- 1 løk, finhakket
- 1 stort hvitløksfedd, knust
- 350 g risottoris
- 150 ml tørr hvitvin
- 1,2l varm kylling- eller grønnsakskraft
- 150 g parmesan, finrevet
- 1 sitron, fint skallet
- 150g ball mozzarella, kuttet i 18 små biter
- vegetabilsk olje, for frityrsteking

For belegget

- 150 g vanlig mel
- 3 store egg, lett pisket
- 150 g fine tørkede brødsmuler

Veibeskrivelse :

a) Varm opp olje og smør i en kjele til det er skummende. Tilsett løken og en klype salt og stek i 15 minutter, eller til den er myk og gjennomsiktig, på lav varme.

b) Stek i et minutt til etter at du har tilsatt hvitløken.

c) Tilsett risen og la det småkoke et minutt til før du tilsetter vinen. Kok opp væsken og kok til den er redusert til det halve.

d) Hell i halvparten av kraften og fortsett å blande til det meste av væsken er absorbert.

e) Ettersom risen absorberer væsken, tilsett resten av kraften en øse om gangen, mens du rører hele tiden til risen er gjennomkokt.

f) Tilsett parmesan og sitronskall og smak til med salt og pepper. Legg risottoen i et brett med leppe og sett til side til romtemperatur.

g) Del den avkjølte risottoen i 18 like deler, hver på størrelse med en golfball.

h) I håndflaten, flat en risottoball og legg et stykke mozzarella i midten, pakk så osten inn i risen og form den til en ball.

i) Fortsett med de resterende risottokulene på samme måte.

j) I tre grunne retter kombinerer du mel, egg og brødsmuler. Hver risottoball skal først meles, deretter dyppes i egg og til slutt brødsmuler. Legg på en tallerken og legg bort.

k) Fyll en stor, tykkbunnet kasserolle halvveis med vegetabilsk olje og varm opp på middels lav varme til et steketermometer viser 170°C eller et stykke brød blir gyldenbrunt på 45 sekunder.

l) Senk risottokulene ned i oljen i omganger og stek i 8-10 minutter, eller til de er gyldenbrune og smeltet i midten.

m) Legg på et brett dekket med et rent kjøkkenhåndkle og sett til side.

n) Server aranciniene varme eller med en enkel tomatsaus å dyppe dem i.

21. Manchego med appelsinkonserver

Ingredienser

Gir ca 4 kopper

- 1 hode hvitløk
- 1 1/2 kopper olivenolje, pluss mer for duskregn
- Kosher salt
- 1 Sevilla eller navleappelsin
- 1/4 kopp sukker
- 1 pund ung Manchego-ost, kuttet i 3/4-tommers biter
- 1 ss finhakket rosmarin
- 1 ss finhakket timian
- Ristet baguette

Veibeskrivelse :

a) Forvarm ovnen til 350 grader Fahrenheit. en kvart tomme "Fjern toppen av hvitløkspæren og sett den på et stykke folie. Smak til med salt og drypp over olje.

b) Pakk godt inn i folie og stek i 35-40 minutter, eller til skinnet er gyllenbrunt og nellikene er myke. La det avkjøles. Klem nellikene i en stor blandekum.

c) Kutt samtidig 1/4 "Fjern toppen og bunnen av appelsinen og kvart den på langs. Fjern kjøttet fra hver fjerde av skallet i ett stykke, unntatt den hvite delen (spare skallene).

d) Sett til side saften som er presset fra kjøttet i en liten kum.

e) Skjær skallet i kvart tomme biter og sett i en liten kjele med nok kaldt vann til å dekke med en tomme. Kok opp, tøm deretter av; gjør dette to ganger til for å bli kvitt bitterheten.

f) Kombiner appelsinskallene, sukkeret, reservert appelsinjuice og 1/2 kopp vann i en kjele.

g) Kok opp; reduser varmen til lav og la det småkoke, rør regelmessig, i 20–30 minutter, eller til skallene er møre og væsken er sirupsaktig. La appelsinkonfektene avkjøles.

h) Bland sammen appelsinkonfekten, Manchego, rosmarin, timian og de resterende 1 1/2 koppene olje i bollen med hvitløken. Avkjøl i minst 12 timer etter tildekking.

i) Før servering med toast, bringe den marinerte Manchego til romtemperatur.

22. Italienske Nachos

Porsjoner: 1

Ingredienser

Alfredo saus

- 1 kopp halv og halv
- 1 kopp tung krem
- 2 ss usaltet smør
- 2 fedd hvitløk finhakket
- 1/2 kopp parmesan
- Salt og pepper
- 2 ss mel

Nachos

- Wonton wrappers kuttet i trekanter
- 1 Kylling kokt og strimlet
- Sautert paprika
- Mozzarella ost
- Oliven
- Persille hakket
- Parmesan ost

- Olje til steking av peanøtter eller raps

Veibeskrivelse :

a) Tilsett usaltet smør i en kasserolle og smelt på middels varme.

b) Rør inn hvitløken til alt smøret har smeltet.

c) Tilsett melet raskt og visp hele tiden til det er klumpet sammen og gyllent.

d) Kombiner den tunge fløten og halv-og-halvt i en miksebolle.

e) Kok opp, reduser deretter til lav varme og kok i 8-10 minutter, eller til den tykner.

f) Smak til med salt og pepper.

g) Wontons: Varm oljen i en stor stekepanne over middels høy varme, ca 1/3 av veien opp.

h) Tilsett wontonene en om gangen og varm opp til de knapt er gylne på bunnen, vend deretter og stek den andre siden.

i) Legg et papirhåndkle over avløpet.

j) Forvarm ovnen til 350°F og kle en stekeplate med bakepapir, etterfulgt av wontons.

k) Legg Alfredosaus, kylling, paprika og mozzarellaost på toppen.

l) Sett under broileren i ovnen i 5-8 minutter, eller til osten er grundig smeltet.

m) Ta ut av ovnen og topp med oliven, parmesan og persille.

23. Kylling Pintxo

Porsjoner 8

Ingredienser

- 1,8 pund skinnfri, benfri kyllinglår kuttet i 1" biter
- 1 ss spansk røkt paprika
- 1 ts tørket oregano
- 2 ts malt spisskummen
- 3/4 ts havsalt
- 3 fedd hakket hvitløk
- 3 ss finhakket persille
- 1/4 kopp ekstra virgin olivenolje
- Rød Chimichurri saus

Veibeskrivelse :

a) ingrediensene i en stor miksebasseng og bland grundig for å belegge kyllingbitene. La marinere natten over i kjøleskapet.

b) Bløtlegg bambusspyd i 30 minutter i vann. Bruk spyd, spyd kyllingbiter.

c) Grill i 8-10 minutter, eller til den er gjennomstekt.

24. Italiensk biff wrappers

SERVERINGER 4

Ingredienser

- 1 ts olivenolje
- 1/2 kopp grønn paprika, kuttet i strimler
- 1/2 kopp løk, kuttet i strimler
- 1/2 pepperoncini, i tynne skiver
- 1/2 ts italiensk krydder
- 8 skiver Deli italiensk biff, 1/8" tykk
- 8 ostepinner

Veibeskrivelse

a) I en middels stekepanne, varm oljen over middels varme. Kombiner olivenolje og de følgende fire ingrediensene i en miksebolle. Kok i 3-4 minutter, eller til de er møre.

b) Legg blandingen på et fat og sett til side i 15 minutter til avkjøling.

c) Slik setter du det sammen: På et skjærebrett legger du fire skiver italiensk biff flatt. Legg 1 streng ostepinne i midten av hvert kjøttstykke, på tvers.

d) Tilsett en del av pepper- og løkblandingen på toppen. Brett den ene siden av biffskiven over ost- og grønnsaksblandingen, pakk deretter sammen med sømsiden ned.

e) Sett sammen roll-upene på et serveringsfat.

25. Italienske Pepperoni Roll-ups

Porsjoner 35

Ingredienser

- 5 10" mel tortillas (spinat soltørket tomat eller hvitt mel)
- 16 gram kremost myknet
- 2 ts finhakket hvitløk
- 1/2 kopp rømme
- 1/2 kopp parmesanost
- 1/2 kopp italiensk revet ost eller mozzarellaost
- 2 ts italiensk krydder
- 16 gram pepperoniskiver
- 3/4 kopp finhakket gul og oransje paprika
- 1/2 kopp finhakket fersk sopp

Veibeskrivelse :

a) Pisk kremosten i en blandebasseng til den er jevn. Kombiner hvitløk, rømme, oster og italiensk krydder i en miksebolle. Bland til alt er godt blandet.

b) Fordel blandingen jevnt mellom de 5 meltortillaene. Dekk hele tortillaen med osteblandingen.

c) Legg et pepperonilag oppå osteblandingen.

d) Overlapp pepperonien med paprika og sopp i grove skiver.

e) Rull hver tortilla stramt og pakk den inn i plastfolie.

f) Sett til side i minst 2 timer i kjøleskapet.

HOVEDRETT I MIDDELHAVET

26. Italiensk spansk ris

Porsjoner : 6

Ingredienser :

- 1-28 unse boks med italienske terninger eller knuste tomater
- 3 kopper av alle slags dampet langkornet hvit ris tilberedt til pakke
- 3 ss raps eller vegetabilsk olje
- 1 skivet og renset paprika
- 2 fedd finhakket frisk hvitløk
- 1/2 kopp rødvin eller grønnsak eller buljong
- 2 ss hakket fersk persille
- 1/2 ts tørket oregano og tørket basilikum
- salt, pepper, cayenne etter smak
- Pynt: Revet parmesan og Romano blandet ost
- Du kan også legge til rester som er tilberedt uten bein: biff i terninger, pinnekjøtt i terninger, kylling i terninger, eller prøv å bruke knuste kjøttboller eller italiensk kokt pølse i skiver.

- Valgfrie grønnsaker: zucchini i terninger, sopp i skiver, barberte gulrøtter, erter eller andre typer grønnsaker du foretrekker.

Veibeskrivelse :

a) Tilsett olivenolje, paprika og hvitløk i en stor stekepanne og stek i 1 minutt.

b) Tilsett terninger eller knuste tomater, vin og de resterende ingrediensene i pannen.

c) La småkoke i 35 minutter, eller lenger hvis du legger til flere grønnsaker.

d) Hvis du bruker, tilsett eventuelt tilberedt kjøtt og varm det i sausen i ca. 5 minutter før du bretter inn den kokte hvite risen.

e) Også, hvis du bruker, er kjøttet allerede tilberedt og trenger bare å varmes opp i sausen.

f) For servering helles sausen over på et fat med den blandede risen og toppes med revet ost og fersk persille.

27. Italiensk Twist Paella

Serverer: 4

Ingredienser

- 2 kyllinglår, skinn på, brunet
- 2 kyllinglår, skinn på, brunet
- 3 store stykker italienske pølser, brunet og deretter kuttet i 1 tommers biter
- 1 rød og gul paprika, kuttet i strimler og forstekt
- 1 haug babybrokkolini, ferdigkokt
- $1\frac{1}{2}$ kopper ris, en kort korn som carnaroli eller arborio
- 4 kopper kyllingbuljong, oppvarmet
- 1 kopp stekt rød pepperpuré
- $\frac{1}{4}$ kopp tørr hvitvin
- 1 middels løk, store terninger
- 4 store fedd hvitløk, ristet
- revet parmesan eller romano ost
- oliven olje

Veibeskrivelse :

a) Begynn med å brune kyllingbitene i en paellapanne, få en god skorpe på begge sider og nesten steke gjennom, men ikke helt, og sett deretter til side.

b) Tørk bort eventuell overflødig olje fra pannen, og tørk deretter bort all overflødig olje fra pølsekoblingene.

c) Drypp olivenolje i en stor stekepanne, tilsett deretter den barberte hvitløken og løken, og fres til den er myk og gylden.

d) Tilsett vinen og la det småkoke et minutt.

e) Kombiner all risen med halvparten av rød pepperpuré, eller litt mer. Rør til jevnt dekket, og trykk deretter risblandingen i bunnen av pannen.

f) Tilsett litt revet ost, salt og pepper til risen.

g) Ordne pølsebitene, sammen med kyllingbitene, rundt pannen.

h) Ordne de resterende grønnsakene rundt kjøttet på en kreativ måte.

i) Øs alle 4 kopper varm buljong på toppen med forsiktighet.

j) Bruk en konditorkost til å pensle ekstra rød pepperpuré på toppen av kyllingen for mer smak, prikk litt mer rundt om ønskelig.

k) Kok på lav varme, løst dekket med folie, til fuktigheten har fordampet.

l) Forvarm ovnen til 375 °F og stek den dekkede pannen i 15-20 minutter for å sikre at kjøttet er gjennomstekt.

m) Fortsett å koke på toppen av komfyren til risen er mør.

n) Hele tiden bør være rundt 45 minutter.

o) Sett den til side i noen minutter til avkjøling.

p) Pynt med frisk basilikum og persille, hakket.

28. Spansk potetsalat

Serverer: 4

Ingredienser :

- 3 mellomstore (16 oz) poteter
- 1 stor (3 oz) gulrot, i terninger
- 5 ss avskallede grønne erter
- 2/3 kopp (4 oz) grønne bønner
- 1/2 middels løk, hakket
- 1 liten rød paprika, hakket
- 4 cocktailagurker, i skiver
- 2 ss babykapers
- 12 ansjosfylte oliven
- 1 hardkokt egg i tynne skiver 2/3 kopp majones
- 1 ss sitronsaft
- 1 ts dijonsennep
- Nykvernet sort pepper, etter smak Hakket fersk persille, til pynt

Veibeskrivelse :

a) Kok poteter og gulrøtter i lettsaltet vann i en kjele. Kok opp, reduser deretter til lav varme og kok til nesten møre.

b) Tilsett ertene og bønnene og la det småkoke, rør av og til, til alle grønnsakene er myke. Hell av grønnsakene og legg dem på en tallerken til servering.

c) I en stor miksebolle kombinerer du løk, pepper, agurk, babykapers, ansjosfylte oliven og eggebiter.

d) Kombiner majones, sitronsaft og sennep i en egen bolle helt. Hell denne blandingen på serveringsfatet og rør godt for å dekke alle **ingrediensene** . Bland med en klype salt og pepper.

e) Avkjøl etter pynt med hakket persille.

f) For å forbedre salatens smak, la den stå i romtemperatur i ca. 1 time før servering.

29. Spansk Carbonara

Serverer: 2-3

Ingredienser

- 1 liten chorizo i terninger
- 1 fedd hvitløk finhakket
- 1 liten tomat i terninger
- 1 boks garbanzos
- tørre krydder: salt, chiliflak, oregano, fennikelfrø, stjerneanis
- pimenton (paprika) til eggene
- ekstra virgin olivenolje
- 2 egg
- 4-6 oz. pasta
- italiensk ost av god kvalitet

Veibeskrivelse :

a) I en liten mengde olivenolje, sauter hvitløk, tomat og chorizo i noen minutter, og tilsett deretter bønner og flytende og tørre krydder. Kok opp, og reduser deretter varmen til lav til væsken er halvert.

b) I mellomtiden koker du opp pastavannet og gjør eggene klar til å skli ned i pannen med garbanzos og inn i den forvarmede ovnen. For å legge til den spanske smaken, drysser jeg dem med den tilberedte krydderblandingen og pimenton.

c) Nå er det ideelle øyeblikket for å legge pastaen i gryten mens pannen er i ovnen og vannet koker. Begge skal være klare i samme øyeblikk.

30. Kjøttboller i tomatsaus

Serverer: 4

Ingredienser :

- 2 ss olivenolje
- 8 oz kjøttdeig
- 1 kopp (2 oz) ferske hvite brødsmuler
- 2 ss revet manchego eller parmesanost
- 1 ss tomatpuré
- 3 fedd hvitløk, finhakket
- 2 løk, finhakket
- 2 ts hakket fersk timian
- 1/2 ts gurkemeie
- Salt og pepper, etter smak
- 2 kopper (16 oz) hermetiske plommetomater, hakket
- 2 ss rødvin
- 2 ts hakkede friske basilikumblader
- 2 ts hakket fersk rosmarin

Veibeskrivelse :

a) Kombiner biff, brødsmuler, ost, tomatpuré, hvitløk, løk, egg, timian, gurkemeie, salt og pepper i en miksebolle.

b) Form blandingen til 12 til 15 faste kuler med hendene.

c) Varm opp olivenolje på middels høy varme i en panne. Stek i flere minutter, eller til kjøttbollene er brune på alle sider.

d) Kombiner tomater, vin, basilikum og rosmarin i en stor miksebolle. Kok, rør av og til, i ca 20 minutter, eller til kjøttbollene er ferdige.

e) Salt og pepper sjenerøst, og server deretter med blanchert rapini, spaghetti eller brød.

31. Hvit bønnesuppe

Porsjoner: 4

Ingredienser :

- 1 hakket løk
- 2 ss olivenolje
- 2 hakkede selleristilker
- 3 hakkede hvitløksfedd
- 4 kopper cannellinibønner på boks
- 4 kopper kyllingbuljong
- Salt og pepper etter smak
- 1 ts fersk rosmarin
- 1 kopp brokkolibuketter
- 1 ss trøffelolje
- 3 ss revet parmesanost

Veibeskrivelse :

a) Varm opp oljen i en stor panne.

b) Stek selleri og løk i ca 5 minutter i en panne.

c) Tilsett hvitløk og rør for å kombinere. Kok i ytterligere 30 sekunder.

d) Ha i bønnene, 2 kopper kyllingbuljong, rosmarin, salt og pepper, samt brokkoli.

e) Kok opp væsken og reduser deretter til lav varme i 20 minutter.

f) Blend suppen med stavmikseren til den får ønsket glatthet.

g) Reduser varmen til lav og strø inn trøffeloljen.

h) Hell suppen i fat og dryss over parmesanost før servering.

32. Fiskesuppe

Porsjoner: 8

Ingredienser :

- 32 oz. kan hakkede tomater
- 2 ss olivenolje
- ¼ kopp hakket selleri
- ½ kopp fiskekraft
- ½ kopp hvitvin
- 1 kopp krydret V8 juice
- 1 hakket grønn paprika
- 1 hakket løk
- 4 hakkede hvitløksfedd
- Salt pepper etter smak
- 1 ts italiensk krydder
- 2 skrellede og skjærte gulrøtter
- 2 ½ lb. oppskåret tilapia
- ½ lb. skrellede og deveirede reker

Veibeskrivelse :

a) Varm opp olivenoljen i den store kjelen først.

b) Stek paprika, løk og selleri i 5 minutter i en varm panne.

c) Etter det, tilsett hvitløken. Kok i 1 minutt etter det.

d) I en stor miksebolle kombinerer du alle de resterende ingrediensene unntatt sjømaten.

e) Kok lapskausen i 40 minutter på lav varme.

f) Tilsett tilapia og reker og rør for å kombinere.

g) La det småkoke i ytterligere 5 minutter.

h) Smak til og juster krydderet før servering.

33. Pasta og Fagioli

Porsjoner: 10

Ingredienser :

- 1 ½ lb. kjøttdeig
- 2 hakkede løk
- ½ ts røde pepperflak
- 3 ss olivenolje
- 4 hakkede selleristilker
- 2 hakkede hvitløksfedd
- 5 kopper kyllingbuljong
- 1 kopp tomatsaus
- 3 ss tomatpuré
- 2 ts oregano
- 1 ts basilikum
- Salt og pepper etter smak
- 1 15-oz. cannellini bønner
- 2 kopper kokt liten italiensk pasta

Veibeskrivelse :

a) Brun kjøttet i en stor gryte i 5 minutter, eller til det ikke lenger er rosa. Fjern fra ligningen.

b) Varm opp olivenolje i en stor panne og stek løk, selleri og hvitløk i 5 minutter.

c) Tilsett buljong, tomatsaus, tomatpuré, salt, pepper, basilikum og røde pepperflak, og rør for å kombinere.

d) Sett lokket på kjelen. Suppen bør deretter koke i 1 time.

e) Tilsett biff og stek i ytterligere 15 minutter.

f) Tilsett bønnene og rør for å kombinere. Etter det, kok i 5 minutter på lav varme.

g) Rør inn den kokte pastaen og kok i 3 minutter, eller til den er gjennomvarme.

34. Kjøttkaker og Tortellinisuppe

Porsjoner: 6

Ingredienser :

- 2 ss olivenolje
- 1 løk i terninger
- 3 hakkede hvitløksfedd
- Salt og pepper etter smak
- 8 kopper kyllingkraft
- 1 ½ kopp hermetiske terninger tomater
- 1 kopp hakket grønnkål
- 1 kopp tint frosne erter
- 1 ts knust basilikum
- 1 ts oregano
- 1 laurbærblad
- 1 lb. tinte kjøttboller - alle slag
- 1 lb. ferskost tortellini
- ¼ kopp revet parmesanost

Veibeskrivelse :

a) Varm opp olivenolje i en stor gryte og fres løk og hvitløk i 5 minutter.

b) Kombiner kyllingkraften, hakkede tomater, grønnkål, erter, basilikum, oregano, salt, pepper og laurbærblad i en stor kjele.

c) Kok deretter opp væsken. Etter det, kok i 5 minutter på lav varme.

d) Fjern laurbærbladet og kast det ut.

e) La småkoke i ytterligere 5 minutter etter tilsetning av kjøttboller og tortellini.

f) Sist, men ikke minst, server i boller med revet ost på toppen.

35. Kylling Marsala

Porsjoner: 4

Ingredienser :

- ¼ kopp mel
- Salt og pepper etter smak
- ½ ts timian
- 4 utbenede kyllingbryst , banket
- ¼ kopp smør
- ¼ kopp olivenolje
- 2 hakkede hvitløksfedd
- 1 ½ kopper oppskåret sopp
- 1 liten løk i terninger
- 1 kopp marsala
- ¼ kopp halv og halv eller tung krem

Veibeskrivelse :

a) I en miksebolle kombinerer du mel, salt, pepper og timian.

b) I en egen bolle dregger du kyllingbrystene i blandingen.

c) I en stor panne smelter du smør og olje.

d) Stek hvitløken i 3 minutter i en panne.

e) Ha i kyllingen og stek i 4 minutter på hver side.

f) Kombiner sopp, løk og marsala i en panne.

g) Stek kyllingen i 10 minutter på lav varme.

h) Overfør kyllingen til et serveringsfat.

i) Bland inn halv-og-halvt eller tung fløte. Deretter, mens du koker på høy i 3 minutter, rør hele tiden.

j) Hell kyllingen med sausen.

36. Hvitløk cheddar kylling

Porsjoner: 8

Ingredienser :

- ¼ kopp smør
- ¼ kopp olivenolje
- ½ kopp revet parmesanost
- ½ kopp Panko brødsmuler
- ½ kopp knuste Ritz-kjeks
- 3 hakkede hvitløksfedd
- 1 ¼ skarp cheddarost
- ¼ ts italiensk krydder
- Salt og pepper etter smak
- ¼ kopp mel
- 8 kyllingbryst

Veibeskrivelse :

a) Forvarm ovnen til 350 grader Fahrenheit.

b) Smelt smør og olivenolje i en panne og stek hvitløken i 5 minutter.

c) Kombiner brødsmulene, knekkede kjeks, både oster, krydder, salt og pepper i en stor miksebolle.

d) Dypp hver kyllingbit i smør/olivenoljeblandingen så raskt som mulig.

e) Mel kyllingen og rør den i den.

f) Forvarm ovnen til 350°F og belegg kyllingen med brødsmuleblandingen.

g) Legg hvert kyllingstykke i en ildfast form.

h) Drypp smør/oljeblandingen over toppen.

i) Forvarm ovnen til 350°F og stek i 30 minutter.

j) For ytterligere sprøhet, plasser under broileren i 2 minutter.

37. Kylling Fettuccini Alfredo

Porsjoner: 8

Ingredienser :

- 1 lb. fettuccinepasta
- 6 benfrie, skinnfrie kyllingbryst, pent kuttet i terninger ¾ kopp smør, delt
- 5 finhakkede hvitløksfedd
- 1 ts timian
- 1 ts oregano
- 1 løk i terninger
- 1 kopp oppskåret sopp
- ½ kopp mel
- Salt og pepper etter smak
- 3 kopper full melk
- 1 kopp tung krem
- ¼ kopp revet gruyereost
- ¾ kopp revet parmesanost

Veibeskrivelse :

a) Forvarm ovnen til 350 °F og kok pasta i henhold til pakkens anvisninger, ca. 10 minutter.

b) Smelt 2 ss smør i en stekepanne og tilsett kyllingterningene, hvitløken, timian og oregano, kok på lavt i 5 minutter, eller til kyllingen ikke lenger er rosa. Fjern .

c) I samme panne smelter du de resterende 4 ss smør og sauterer løken og soppen.

d) Rør inn mel, salt og pepper i 3 minutter.

e) Tilsett tung fløte og melk. Rør i ytterligere 2 minutter.

f) Rør inn osten i 3 minutter på svak varme.

g) Ha kyllingen tilbake i gryten og smak til.

h) Kok i 3 minutter på lavt nivå.

i) Hell sausen over pastaen.

38. Ziti med pølse

Porsjoner: 8

Ingredienser :

- 1 lb. smuldret italiensk pølse
- 1 kopp oppskåret sopp
- ½ kopp selleri i terninger
- 1 løk i terninger
- 3 hakkede hvitløksfedd
- 42 oz. butikkkjøpt spaghetti saus eller hjemmelaget
- Salt og pepper etter smak
- ½ ts oregano
- ½ ts basilikum
- 1 lb. ukokt ziti-pasta
- 1 kopp revet mozzarellaost
- ½ kopp revet parmesanost
- 3 ss hakket persille

Veibeskrivelse :

a) Brun pølse, sopp, løk og selleri i en stekepanne i 5 minutter.

b) Etter det, tilsett hvitløken. Kok i ytterligere 3 minutter. Fjern fra ligningen.

c) Tilsett spaghetti-saus, salt, pepper, oregano og basilikum i en separat panne.

d) La sausen småkoke i 15 minutter.

e) Tilbered pastaen i en panne i henhold til pakkens **veiledning** mens sausen koker. Avløp.

f) Forvarm ovnen til 350 grader Fahrenheit.

g) Legg ziti, pølseblanding og strimlet mozzarella i to lag i en ildfast form.

h) Dryss persille og parmesanost over toppen.

i) Forvarm ovnen til 350°F og stek i 25 minutter.

39. Pølse og paprika

Porsjoner: 4

Ingredienser :

- 1 pakke spaghetti
- 1 ss olivenolje
- 4 søte italienske pølser skåret i passe biter
- 2 røde paprika kuttet i strimler.
- 2 grønne paprika kuttet i strimler
- 2 oransje paprika kuttet i strimler
- 3 hakkede hvitløksfedd
- 1 ts italiensk krydder
- Salt og pepper etter smak
- 3 ss virgin olivenolje
- 12 oz. hermetiske terninger av tomater
- 3 ss rødvin
- 1/3 kopp hakket persille
- $\frac{1}{4}$ kopp revet Asiago ost

Veibeskrivelse :

a) Kok spaghettien i henhold til pakkens veiledning , noe som bør ta rundt 5 minutter. Tøm av b) Varm olivenoljen i en panne og brun pølsene i 5 minutter.

b) Legg pølsen på et serveringsfat.

c) Tilsett paprika, hvitløk, italiensk krydder, salt og pepper i samme panne.

d) Drypp 3 ss olivenolje over paprikaene.

e) Tilsett de hakkede tomatene og vinen og rør for å kombinere.

f) Stek i totalt 10 minutter.

g) Juster krydderet ved å blande spaghetti med paprika.

h) Tilsett persille og Asiago-ost på toppen.

40. Saucy lasagne

Porsjoner: 4

Ingredienser :

- 1 ½ lb. smuldret krydret italiensk pølse
- 5 kopper butikk-kjøpt spaghetti saus
- 1 kopp tomatsaus
- 1 ts italiensk krydder
- ½ kopp rødvin
- 1 ss sukker
- 1 ss olje
- 5 hakkede hvitløkshansker
- 1 løk i terninger
- 1 kopp revet mozzarellaost
- 1 kopp revet provoloneost
- 2 kopper ricottaost
- 1 kopp cottage cheese
- 2 store egg
- ¼ kopp melk

- 9 nudler lasagne nudler - parboil ed
- ¼ kopp revet parmesanost

Veibeskrivelse :

a) Forvarm ovnen til 375 grader Fahrenheit.

b) Brun den smuldrede pølsen i en panne i 5 minutter. Eventuelt fett bør kastes.

c) Kombiner pastasausen, tomatsausen, italiensk krydder, rødvin og sukker i en stor gryte og bland grundig.

d) Varm opp olivenolje i en panne. Fres deretter hvitløk og løk i 5 minutter.

e) Bland inn pølse, hvitløk og løk i sausen.

f) Dekk deretter til kasserollen og la det småkoke i 45 minutter.

g) Kombiner mozzarella- og provoloneostene i en blanderett.

h) I en separat bolle kombinerer du ricotta, cottage cheese, egg og melk.

i) I en 9 x 13 bakebolle, hell 12 kopper saus i bunnen av fatet.

j) Arranger nå nudler, saus, ricotta og mozzarella i bakebollen i tre lag.

k) Fordel parmesanost over toppen.

l) Stek i en dekket form i 30 minutter.

m) Stek i ytterligere 15 minutter etter at du har avdekket fatet.

41. Diavolo sjømatmiddag

Porsjoner: 4

Ingredienser :

- 1 lb. store skrellet og deveined reker
- ½ lb. svidd kamskjell
- 3 ss olivenolje
- ½ ts røde pepperflak
- Salt etter smak
- 1 skivet liten løk
- ½ ts timian
- ½ ts oregano
- 2 knuste ansjosfileter
- 2 ss tomatpuré
- 4 hakkede hvitløksfedd
- 1 kopp hvitvin
- 1 ts sitronsaft
- 2 ½ kopper tomater i terninger
- 5 ss persille

Veibeskrivelse :

a) Kombiner reker, kamskjell, olivenolje, røde pepperflak og salt i en blanderett.

b) Forvarm pannen til 350°F. I 3 minutter, sauter sjømaten i enkeltlag. Dette er noe som kan gjøres i bunter.

c) Legg rekene og kamskjellene på et serveringsfat.

d) Varm opp pannen på nytt.

e) Fres løk, urter, ansjosfileter og tomatpuré i 2 minutter.

f) Kombiner vin, sitronsaft og terninger av tomater i en miksebolle.

g) Kok opp væsken.

h) Still inn temperaturen til et lavt nivå. Kok i 15 minutter etter det.

i) Ha sjømaten tilbake i gryten sammen med persillen.

j) Kok i 5 minutter på lav varme.

42. Linguine og reker scampi

Porsjoner: 6

Ingredienser :

- 1 pakke linguine pasta
- ¼ kopp smør
- 1 hakket rød paprika
- 5 finhakkede hvitløksfedd
- 45 rå store reker skrellet og avveid ½ kopp tørr hvitvin ¼ kopp kyllingbuljong
- 2 ss sitronsaft
- ¼ kopp smør
- 1 teskjeer knuste røde pepperflak
- ½ ts safran
- ¼ kopp hakket persille
- Salt etter smak

Veibeskrivelse :

a) Kok pastaen i henhold til pakkens veiledning , noe som bør ta ca. 10 minutter.

b) Tøm vannet og sett det til side.

c) Smelt smøret i en stor panne.

d) Stek paprika og hvitløk i en panne i 5 minutter.

e) Tilsett rekene og fortsett å surre i ytterligere 5 minutter.

f) Fjern rekene på et fat, men behold hvitløk og pepper i gryten.

g) Kok opp hvitvin, buljong og sitronsaft.

h) Sett rekene tilbake i pannen med ytterligere 1⁄4 kopper bedre.

i) Tilsett rød pepperflak, safran og persille, og smak til med salt.

j) La det småkoke i 5 minutter etter å ha blandet med pastaen.

43. Reker med pesto fløtesaus

Porsjoner: 6

Ingredienser :

- 1 pakke linguine pasta
- 1 ss olivenolje
- 1 hakket løk
- 1 kopp oppskåret sopp
- 6 hakkede hvitløksfedd
- ½ kopp smør
- Salt og pepper etter smak
- ½ ts kajennepepper
- 1 3/4 kopper revet Pecorino Romano
- 3 ss mel
- ½ kopp tung krem
- 1 kopp pesto
- 1 lb. kokte reker, skrellet og deveined

Veibeskrivelse :

a) Kok pastaen i henhold til pakkens veiledning , noe som bør ta ca. 10 minutter. Avløp.

b) Varm opp oljen i en panne og stek løk og sopp i 5 minutter.

c) Stek i 1 minutt etter å ha rørt inn hvitløk og smør.

d) Hell i den tunge fløten i en panne og smak til med salt, pepper og kajennepepper.

e) La småkoke i ytterligere 5 minutter.

f) Tilsett osten og rør for å kombinere. Fortsett å visp til osten har smeltet.

g) Bland deretter inn melet for å tykne sausen.

h) Kok i 5 minutter med pesto og reker.

i) Dekk pastaen med sausen.

44. Fisk og Chorizosuppe

Porsjoner : 4

Ingredienser :

- 2 fiskehoder (brukes til å koke fiskekraft)
- 500 g fiskefileter , kuttet i biter
- 1 løk
- 1 fedd hvitløk
- 1 kopp hvitvin
- 2 ss olivenolje
- 1 håndfull persille (hakket)
- 2 kopper fiskekraft
- 1 håndfull oregano (hakket)
- 1 ss salt
- 1 ss pepper
- 1 selleri
- 2 bokser tomater (tomater)
- 2 røde chili
- 2 chorizo pølser

- 1 ss paprika
- 2 laurbærblad

Veibeskrivelse :

a) Rens hodet på fisken. Gjeller bør fjernes. Smak til med salt. Kok i 20 minutter ved lav temperatur. Fjern fra ligningen.

b) Hell olivenoljen i en panne. Kombiner løk, laurbærblader, hvitløk, chorizosalat og paprika i en stor miksebolle. 7 minutter i ovnen

c) I en stor miksebolle kombinerer du rød chili, tomater, selleri, pepper, salt, oregano, fiskekraft og hvitvin.

d) Kok i totalt 10 minutter.

e) Ha i fisken. 4 minutter i ovnen

f) Bruk ris som tilbehør.

g) Tilsett persille som garnityr.

45. Spansk Ratatouille

Porsjoner : 4

Ingredienser :

- 1 rød paprika (i terninger)
- 1 gjennomsnittlig løk (skåret eller hakket)
- 1 fedd hvitløk
- 1 Zucchini (hakket)
- 1 grønn paprika (i terninger)
- 1 ss salt
- 1 ss pepper
- 1 boks tomater (hakkede)
- 3 ss olivenolje
- 1 skvett hvitvin
- 1 håndfull fersk persille

Veibeskrivelse :

a) Hell olivenoljen i en panne.

b) Ha i løkene. Tillat 4 minutter med steketid på middels varme.

c) Ha i hvitløk og paprika. La det stå i ytterligere 2 minutter med steking.

d) Ha i zucchini, tomater, hvitvin og smak til med salt og pepper.

e) Kok i 30 minutter eller til den er ferdig.

f) Pynt med persille, om ønskelig.

g) Server med ris eller toast som tilbehør.

h) Nyt!!!

46. Bønne- og chorizogryte

Porsjoner : 3

Ingredienser :

- 1 gulrot (i terninger)
- 3 ss olivenolje
- 1 middels stor løk
- 1 rød paprika
- 400 g tørkede fabesbønner
- 300 gram Chorizo-pølse
- 1 grønn paprika
- 1 kopp persille (hakket)
- 300 g tomater (i terninger)
- 2 kopper kyllingkraft
- 300 gram kyllinglår (fileter)
- 6 fedd hvitløk
- 1 middels stor potet (i terninger)
- 2 ss timian
- 2 ss salt etter smak

- 1 ss pepper

Veibeskrivelse :

a) Hell vegetabilsk olje i en panne. Ha i løken. Tillat 2 minutter med steketid på middels varme.

b) I en stor miksebolle kombinerer du hvitløk, gulrot, paprika, chorizosalat og kyllinglår. La det tilberedes i 10 minutter.

c) Ha i timian, kyllingkraft, bønner, potet, tomater, persille og smak til med salt og pepper.

d) Kok i 30 minutter, eller til bønnene er møre og lapskausen har tyknet.

47. Gazpacho

Porsjoner : 6

Ingredienser :

- 2 pund modne tomater , hakket
- 1 rød paprika (i terninger)
- 2 fedd hvitløk (kvernet)
- 1 ss salt
- 1 ss pepper
- 1 ss spisskummen (malt)
- 1 kopp rødløk (hakket)
- 1 stor Jalapeno pepper
- 1 kopp olivenolje
- 1 lime 1 mellomstor agurk
- 2 ss eddik
- 1 kopp tomat (juice)
- 1 ss Worcestershire saus
- 2 ss fersk basilikum (i skiver)
- 2 brødskiver

Veibeskrivelse :

a) I en miksebolle kombinerer du agurk, tomater, paprika, løk, hvitløk, jalapeño, salt og spisskummen. Rør alt helt sammen.

b) Kombiner olivenolje, eddik, worcestershiresaus, limejuice, tomatjuice og brød i en blender. Bland til blandingen er helt jevn.

c) Bland den blandede blandingen inn i den originale blandingen ved hjelp av en sil.

d) Pass på å kombinere alt fullstendig.

e) Øs halvparten av blandingen inn i blenderen og puré den. Bland til blandingen er helt jevn.

f) Ha den blandede blandingen tilbake i resten av blandingen. Rør alt helt sammen.

g) Avkjøl bollen i 2 timer etter at du har dekket den.

h) Etter 2 timer, fjern bollen. Krydre blandingen med salt og pepper. Dryss basilikum på toppen av retten.

i) Tjene.

48. Blekksprut og ris

Porsjoner : 4

Ingredienser :

- 6 oz. sjømat (valgfritt)
- 3 fedd hvitløk
- 1 middels stor løk (i skiver)
- 3 ss olivenolje
- 1 grønn paprika (i skiver)
- 1 ss blekksprutblekk
- 1 haug persille
- 2 ss paprika
- 550 gram blekksprut (renset)
- 1 ss salt
- 2 selleri (i terninger)
- 1 ferskt laurbærblad
- 2 mellomstore tomater (revet)
- 300 g calasparra ris
- 125 ml hvitvin

- 2 kopper fiskekraft
- 1 sitron

Veibeskrivelse :

a) Hell olivenolje i en stekepanne. Kombiner løk, laurbærblad, pepper og hvitløk i en miksebolle. La det stå noen minutter med steking.

b) Ha i blekksprut og sjømat. Kok i noen minutter, og fjern deretter blekkspruten/sjømaten.

c) I en stor miksebolle kombinerer du paprika, tomater, salt, selleri, vin og persille. La grønnsakene koke ferdig i 5 minutter.

d) Ha i den skyllede risen i pannen. Kombiner fiskekraften og blekksprutblekk i en miksebolle.

e) Kok i totalt 10 minutter. Kombiner sjømat og blekksprut i en stor miksebolle.

f) Kok i 5 minutter til.

g) Server med aioli eller sitron.

49. Kaningryte i tomat

Porsjoner : 5

Ingredienser :
- 1 hel kanin , kuttet i biter
- 1 laurbærblad
- 2 store løk
- 3 fedd hvitløk
- 2 ss olivenolje
- 1 ss søt paprika
- 2 kvister fersk rosmarin
- 1 boks tomater
- 1 kvist timian
- 1 kopp hvitvin
- 1 ss salt
- 1 ss pepper

Veibeskrivelse :

a) I en stekepanne, varm olivenoljen over middels høy varme.

b) Forvarm oljen og tilsett kaninbitene. Stek til bitene er jevnt brune.

c) Fjern den når den er ferdig.

d) Tilsett løk og hvitløk i samme panne. Kok til den er helt myk.

e) I en stor miksebolle kombinerer du timian, paprika, rosmarin, salt, pepper, tomater og laurbærblad. La det tilberedes i 5 minutter.

f) Ha i kaninbitene sammen med vinen. Kok under lokk i 2 timer, eller til kaninbitene er kokt og sausen har tyknet.

g) Server med stekte poteter eller toast.

50. Reker med fennikel

Porsjoner : 3

Ingredienser :

- 1 ss salt
- 1 ss pepper
- 2 fedd hvitløk (i skiver)
- 2 ss olivenolje
- 4 ss manzanilla sherry
- 1 fennikelpære
- 1 håndfull persillestilker
- 600 g cherrytomater
- 15 store reker , skrellet
- 1 kopp hvitvin

Veibeskrivelse :

a) Varm opp oljen i en stor kjele. Legg de kuttede hvitløksfeddene i en bolle. La det steke til hvitløken er gyllenbrun.

b) Tilsett fennikel og persille i blandingen. Kok i 10 minutter på lav varme.

c) Kombiner tomater, salt, pepper, sherry og vin i en stor miksebolle. La det koke i 7 minutter, eller til sausen er tykk.

d) Legg de skrellede rekene på toppen. Kok i 5 minutter, eller til rekene har blitt rosa.

e) Pynt med et dryss persilleblader.

f) Server med en side av brød.

MIDDELHAVSDESSERT

51. Sjokolade Panna Cotta

5 porsjoner

Ingredienser :

- 500 ml tung krem
- 10 g gelatin
- 70 g svart sjokolade
- 2 ss yoghurt
- 3 ss sukker
- en klype salt

Veibeskrivelse :

a) Bløtlegg gelatin i en liten mengde krem.

b) Hell resten av fløten i en liten kjele. Kok opp sukker og yoghurt, rør av og til, men ikke kok. Fjern kjelen fra varmen.

c) Rør inn sjokolade og gelatin til de er helt oppløst.

d) Fyll formene med røren og avkjøl i 2-3 timer.

e) For å frigjøre pannacottaen fra formen, kjør den under varmt vann i noen sekunder før du fjerner desserten.

f) Pynt etter eget ønske og server!

52. Cheesy Galette med Salami

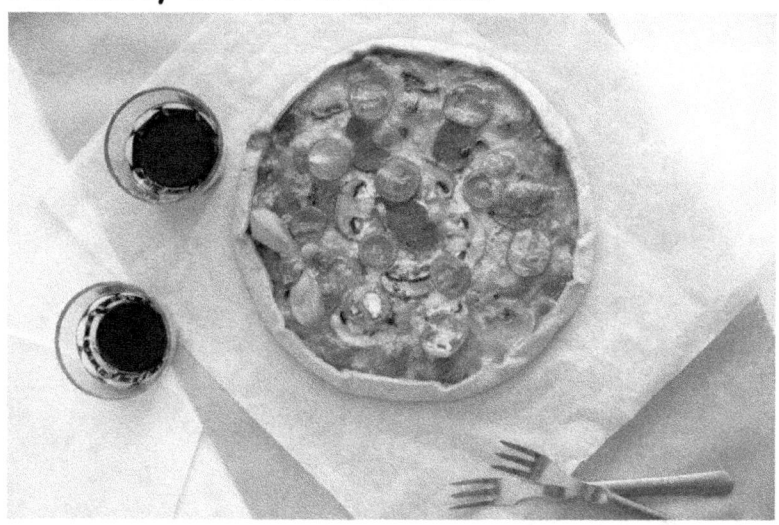

5 porsjoner

Ingredienser :

- 130 g smør
- 300 g mel
- 1 ts salt
- 1 egg
- 80 ml melk
- 1/2 ts eddik
- Fylling:
- 1 tomat
- 1 søt paprika
- squash
- salami
- mozzarella
- 1 ss olivenolje
- urter (som timian, basilikum, spinat)

Veibeskrivelse :

a) Del opp smøret i terninger.

b) I en bolle eller panne, kombinere olje, mel og salt og hakk med en kniv.

c) Ha i et egg, litt eddik og litt melk.

d) Begynn å elte deigen. Avkjøl i en halvtime etter at du har rullet den til en ball og pakket den inn i plastfolie.

e) Kutt alle ingrediensene til fyllet.

f) Legg fyllet i midten av en stor sirkel med deig som er kjevlet ut på bakepapir (unntatt Mozzarella).

g) Hell over olivenolje og smak til med salt og pepper.

h) Løft deretter deigens kanter forsiktig, vikle dem rundt de overlappende delene og trykk dem lett inn.

i) Forvarm ovnen til 200°C og stek i 35 minutter. Tilsett mozzarella ti minutter før slutt på steketiden og fortsett å steke.

j) Server umiddelbart!

53. Tiramisu

Porsjoner: 6

Ingredienser :

- 4 eggeplommer
- ¼ kopp hvitt sukker
- 1 ss vaniljeekstrakt
- ½ kopp kremfløte
- 2 kopper mascarponeost
- 30 dame-fingre
- 1 ½ kopper iskald brygget kaffe oppbevart i kjøleskapet
- ¾ kopp Frangelico likør
- 2 ss usøtet kakaopulver

Veibeskrivelse :

a) Visp sammen eggeplommene, sukkeret og vaniljeekstrakten i en miksebasseng til de er kremaktige.

b) Etter det, visp kremfløten til den er stiv.

c) Bland sammen mascarponeosten og kremfløten.

d) Vend mascarponen lett inn i eggeplommene i en liten miksebolle og la den stå til side.

e) Kombiner brennevinet med den kalde kaffen.

f) Dypp dame-fingrene i kaffeblandingen umiddelbart. Hvis damefingrene blir for våte eller fuktige, vil de bli bløte.

g) Legg halvparten av dame-fingrene på bunnen av en 9x13-tommers bakebolle.

h) Legg halvparten av fyllblandingen på toppen.

i) Legg de resterende damefingrene på toppen.

j) Legg et lokk over fatet. Etter det, avkjøl i 1 time.

k) Støv med kakaopulver.

54. Kremet Ricotta Pai

Porsjoner: 6

Ingredienser :

- 1 butikkkjøpt paibunn
- 1 ½ lb. ricottaost
- ½ kopp mascarponeost
- 4 sammenpiskede egg
- ½ kopp hvitt sukker
- 1 ss konjakk

Veibeskrivelse :

a) Forvarm ovnen til 350 grader Fahrenheit.

b) Kombiner alle fyllingrediensene i en miksebolle. Hell deretter blandingen i skorpen.

c) Forvarm ovnen til 350°F og stek i 45 minutter.

d) Sett paien i kjøleskap i minst 1 time før servering.

55. Anisette informasjonskapsler

Porsjoner: 36

Ingredienser :

- 1 kopp sukker
- 1 kopp smør
- 3 kopper mel
- ½ kopp melk
- 2 piskede egg
- 1 ss bakepulver
- 1 ss mandelekstrakt
- 2 ts anisettlikør
- 1 kopp konditorsukker

Veibeskrivelse :

a) Forvarm ovnen til 375 grader Fahrenheit.

b) Pisk sammen sukker og smør til det er lett og luftig.

c) Tilsett mel, melk, egg, bakepulver og mandelekstrakt gradvis.

d) Elt deigen til den blir klissete.

e) Lag små baller av 1-tommers lengde deigbiter.

f) Forvarm ovnen til 350°F og smør en bakeplate. Legg kulene på stekeplaten.

g) Forvarm ovnen til 350°F og stek kakene i 8 minutter.

h) Kombiner anisettelikøren, konditorsukker og 2 ss varmt vann i en miksebolle.

i) Til slutt dypper du kakene i glasuren mens de fortsatt er varme.

56. Panna cotta

Porsjoner: 6

Ingredienser :

- ⅓ kopp melk
- 1 pakke gelatin uten smak
- 2 ½ kopper tung krem
- ¼ kopp sukker
- ¾ kopp jordbær i skiver
- 3 ss brunt sukker
- 3 ss konjakk

Veibeskrivelse :

a) Rør melken og gelatinen sammen til gelatinen er helt oppløst. Fjern fra ligningen.

b) Kok opp den tunge fløten og sukkeret i en liten kjele.

c) Bland gelatinblandingen i den tunge kremen og visp i 1 minutt.

d) Fordel blandingen mellom 5 ramekins.

e) Legg plastfolie over ramekins. Etter det, avkjøl i 6 timer.

f) I en miksebolle kombinerer du jordbærene, brunt sukker og konjakk; avkjøl i minst 1 time.

g) Legg jordbærene på toppen av pannacottaen.

57. Karamellflan

Porsjoner : 4

Ingredienser :

- 1 ss vaniljeekstrakt
- 4 egg
- 2 bokser melk (1 fordampet og 1 søtet kondensert)
- 2 kopper pisking krem
- 8 ss sukker

Veibeskrivelse :

a) Forvarm ovnen til 350 grader Fahrenheit.

b) I en nonstick panne, smelt sukker over middels varme til det er gyldent.

c) Hell det flytende sukkeret i en stekepanne mens den fortsatt er varm.

d) I en røreform, knekk og pisk egg. Kombiner kondensert melk, vaniljeekstrakt, fløte og søtet melk i en miksebolle. Lag en grundig blanding.

e) Hell røren i den smeltede, sukkerbelagte stekepannen. Plasser pannen i en større panne med 1 tomme kokende vann.

f) Bak i 60 minutter.

58. Katalansk krem

Porsjoner : 3

Ingredienser :

- 4 eggeplommer
- 1 kanel (stang)
- 1 sitron (skall)
- 2 ss maisstivelse
- 1 kopp sukker
- 2 kopper melk
- 3 kopper frisk frukt (bær eller fiken)

Veibeskrivelse :

a) I en panne, visp sammen eggeplommer og en stor del av sukkeret. Bland til blandingen er skummende og jevn.

b) Tilsett kanelstangen med sitronskall. Lag en grundig blanding.

c) Bland inn maisenna og melken. Under lav varme, rør til blandingen tykner.

d) Ta kjelen ut av ovnen. La avkjøles i noen minutter.

e) Ha blandingen i ramekins og sett til side.

f) Sett til side i minst 3 timer i kjøleskapet.

g) Når du er klar til servering, drypp resten av sukkeret over ramekinene.

h) Plasser ramekins på nederste hylle av kjelen. La sukkeret smelte til det får en gyllenbrun farge.

i) Som garnityr, server med frukt.

59. Appelsin-sitron spansk krem

Porsjoner : 1 porsjoner

Ingrediens

- 4½ teskje Vanlig gelatin
- ½ kopp appelsinjuice
- ¼ kopp Sitronsaft
- 2 kopper Melk
- 3 Egg, separert
- ⅔ kopp Sukker
- Klype salt
- 1 spiseskje Revet appelsinskall

Veibeskrivelse :

a) Bland gelatin, appelsinjuice og sitronsaft sammen og la stå i 5 minutter.

b) Skold melken og visp inn eggeplommene, sukker, salt og appelsinskall.

c) Kok i en dobbel kjele til den dekker baksiden av en skje (over varmt, ikke kokende vann).

d) Etter det, tilsett gelatinblandingen. Kul.

e) Tilsett stivpiskede eggehviter i blandingen.

f) Avkjøl til stivnet.

60. Beruset melon

Porsjoner : 4 til 6 porsjoner

Ingrediens

- Til retten Et utvalg av 3 til 6 forskjellige spanske oster
- 1 Flaske portvin
- 1 Melon , topp fjernet og frø utg

Veibeskrivelse :

a) En til tre dager før kveldsmaten, hell portvinen i melonen.

b) Avkjøl i kjøleskapet, dekket i plastfolie og med toppen erstattet.

c) Ta melonen ut av kjøleskapet og fjern folien og toppen når den er klar til servering.

d) Fjern portvinen fra melonen og legg den i en bolle.

e) Skjær melonen i biter etter at du har fjernet skallet. Legg bitene i fire separate kjølte retter.

f) Server på en siderett sammen med ostene.

61. Mandelsorbet

Porsjoner : 1 porsjoner

Ingrediens

- 1 kopp Blancherte mandler; ristet
- 2 kopper Kildevann
- ¾ kopp Sukker
- 1 klype Kanel
- 6 spiseskjeer Lys maissirup
- 2 spiseskjeer Amaretto
- 1 teskje Sitronskall

Veibeskrivelse :

a) Kvern mandlene til et pulver i en foodprosessor. Kombiner vann, sukker, maissirup, brennevin, skall og kanel i en stor kjele, og tilsett deretter de malte nøttene.

b) På middels varme, rør hele tiden til sukkeret løser seg opp og blandingen koker. 2 minutter ved oppkok

c) Sett til side til avkjøling. Bruk en iskremmaskin og kjerne blandingen til den er halvfrossen.

d) Hvis du ikke har en iskremmaskin, overfør blandingen til en bolle av rustfritt stål og frys til den er hard, rør hver 2. time.

62. Spansk epletorte

Porsjoner : 8 porsjoner

Ingrediens

- ¼ pund Smør
- ½ kopp Sukker
- 1 Eggeplomme
- 1½ kopp Siktet mel
- 1 strek Salt
- ⅛ teskje Bakepulver
- 1 kopp Melk
- ½ Sitronskall
- 3 Eggeplommer
- ¼ kopp Sukker
- ¼ kopp Mel
- 1½ spiseskje Smør
- ¼ kopp Sukker
- 1 spiseskje Sitronsaft
- ½ teskje Kanel

- 4 Epler, skrelt og skåret i skiver
- Eple; aprikos, eller valgfri gelé

Veibeskrivelse :

a) Forvarm ovnen til 350°F. Bland sukker og smør i en miksebolle. Bland sammen de resterende ingrediensene til det dannes en ball.

b) Kjevle ut deigen til en springform eller en paiform. Oppbevares i kjøleskap til den skal brukes.

c) Kombiner sitronsaft, kanel og sukker i en miksebolle. Kast inn med eplene og vend til belegg. Dette er noe som kan gjøres på forhånd.

d) Tilsett sitronskallet i melken. Kok opp melken, reduser deretter til lav varme i 10 minutter. I mellomtiden, i en tykk kasserolle, visp sammen eggeplommer og sukker.

e) Når melken er klar, hell den sakte inn i eggeplommeblandingen mens du hele tiden visper på svak varme. Bland sakte inn melet mens du visper over svak varme.

f) Fortsett å visp blandingen til den er jevn og tykk. Fjern kjelen fra varmen. Rør sakte inn smøret til det har smeltet.

g) Fyll skorpen med vaniljesaus. For å lage et enkelt eller dobbelt lag, legg eplene på toppen. Plasser torten i en 350°F ovn i ca 1 time etter at den er ferdig.

h) Ta ut og sett til avkjøling. Når eplene er kjølige nok til å håndtere, varm opp den valgte geléen og drypp den over toppen.

i) Sett geléen til avkjøling. Tjene.

63. Karamellkrem

Porsjoner : 1 porsjoner

Ingrediens

- ½ kopp Granulert sukker
- 1 teskje Vann
- 4 Eggeplommer eller 3 hele egg
- 2 kopper Melk, skåldet
- ½ teskje Vaniljeekstrakt

Veibeskrivelse :

a) Kombiner 6 ss sukker og 1 kopp vann i en stor panne. Varm opp på lav varme, rist eller snurrer av og til med en tresleiv for å unngå å brenne seg, til sukkeret blir gyllent.

b) Hell karamellsirupen i en grunne ildfast form (8x8 tommer) eller paiform så snart som mulig. La den avkjøles til den er hard.

c) Forvarm ovnen til 325 grader Fahrenheit.

d) Pisk enten eggeplommene eller hele eggene sammen. Bland inn melk, vaniljeekstrakt og det resterende sukkeret til det er helt kombinert.

e) Hell den avkjølte karamellen på toppen.

f) Sett bakebollen i et varmt vannbad. Stek i 1-112 timer, eller til midten er stivnet. Kult, kult, kult.

g) For å servere, vend på et serveringsfat med omhu.

64. Spansk ostekake

Porsjoner : 10 porsjoner

Ingrediens

- 1 pund Kremost
- 1½ kopp Sukker; Granulert
- 2 eggs
- ½ teskje Kanel; Bakke
- 1 teskje Sitronskall; Raspet
- ¼ kopp Ubleket mel
- ½ teskje Salt
- 1 x Konditorsukker
- 3 spiseskjeer Smør

Veibeskrivelse :

a) Forvarm ovnen til 400 grader Fahrenheit. Rør sammen osten, 1 ss smør og sukkeret i en stor kum. Ikke tøff.

b) Tilsett eggene ett om gangen, pisk godt etter hver tilsetning.

c) Kombiner kanel, sitronskall, mel og salt. Smør pannen med de resterende 2 ss smør, fordel den jevnt med fingrene.

d) Hell røren i den tilberedte formen og stek ved 400 grader i 12 minutter, reduser deretter til 350 grader og stek i ytterligere 25 til 30 minutter. Kniven skal være fri for rester.

e) Når kaken er avkjølt til romtemperatur, dryss den med konditorsukker.

65. Spansk stekt vaniljesaus

Porsjoner : 8 porsjoner

Ingrediens

- 1 Kanelstang
- skall av 1 sitron
- 3 kopper Melk
- 1 kopp Sukker
- 2 spiseskjeer Maisstivelse
- 2 teskjeer Kanel
- Mel; for mudring
- Eggvask
- Oliven olje; til steking

Veibeskrivelse :

a) Kombiner kanelstangen, sitronskall, 34 kopper sukker og 212 kopper melk i en gryte over middels varme.

b) Kok opp lavt, reduser deretter til lav varme og kok i 30 minutter. Fjern sitronskallet og kanelstangen. Kombiner den resterende melken og maisstivelsen i en liten blandebasseng.

c) Visp grundig. I en langsom, jevn strøm rører du maisennablandingen inn i den oppvarmede melken. Kok opp, reduser deretter til lav varme og kok i 8 minutter mens du visp ofte. Fjern fra brannen og hell i en 8-tommers bakebolle som har blitt smurt.

d) La det avkjøles helt. Dekk til og avkjøl til den er helt avkjølt. Lag 2-tommers trekanter av vaniljesausen.

e) Kombiner de resterende 14 kopper sukker og kanel i en miksebolle. Bland grundig. Vend trekantene i mel til de er helt dekket.

f) Dypp hver trekant i eggevasken og drypp av overflødig. Ha vaniljesausen tilbake i melet og dekk den helt.

g) Varm oljen i en stor sautépanne over middels varme. Legg trekantene i den varme oljen og stek i 3 minutter, eller til de er brune på begge sider.

h) Ta kyllingen ut av pannen og renne av på tørkepapir. Bland med kanelsukkerblandingen og smak til med salt og pepper.

i) Fortsett med resten av trekantene på samme måte.

66. Italiensk artisjokkpai

Porsjoner : 8 porsjoner

Ingrediens

- 3 egg; slått
- 1 3 Oz pakke kremost med gressløk; Myknet opp
- ¾ teskje Hvitløkspulver
- ¼ teskje Pepper
- 1½ kopp Mozzarellaost, delvis skummet melk; Makulert
- 1 kopp Ricotta-ost
- ½ kopp Majones
- 1 14 Oz Can Artisjokkhjerter; Drenert
- ½ 15 oz boks Garbanzo bønner, hermetisert; Skyllet og drenert
- 1 2 1/4 oz boks skivede oliven; Drenert
- 1 2 Oz Jar Pimientos; Terninger og drenert
- 2 spiseskjeer Persille; Klippet
- 1 Pai Crust (9 tommer); Ubakt
- 2 små Tomat; Oppskåret

Veibeskrivelse :

a) Kombiner egg, kremost, hvitløkspulver og pepper i en stor blandebasseng. Kombiner 1 kopp mozzarellaost, ricottaost og majones i en miksebolle.

b) Rør til alt er godt blandet.

c) Skjær 2 artisjokkhjerter i to og sett til side. Hakk resten av hjertene.

d) Kast osteblandingen med hakkede hjerter, garbanzo-bønner, oliven, pimientos og persille. Fyll deigskallet med blandingen.

e) Stek i 30 minutter ved 350 grader. Resten av mozzarellaosten og parmesanosten bør drysses på toppen.

f) Stek i ytterligere 15 minutter eller til stivnet.

g) La hvile i 10 minutter.

h) Over toppen, legg tomatskiver og delte artisjokkhjerter.

i) Tjene

67. Italiensk bakte fersken

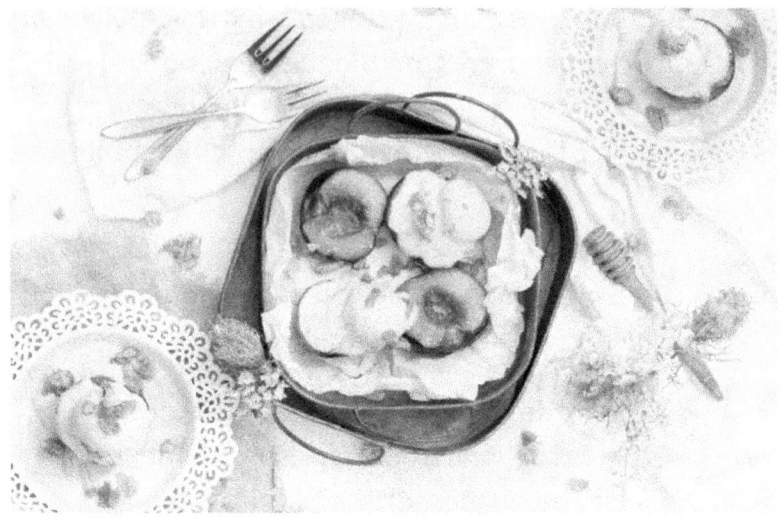

Porsjoner : 1 porsjoner

Ingrediens

- 6 Modne fersken
- ⅓ kopp Sukker
- 1 kopp Malte mandler
- 1 Eggeplomme
- ½ teskje Mandelekstrakt
- 4 spiseskjeer Smør
- ¼ kopp Skivede mandler
- Tung krem , valgfritt

Veibeskrivelse :

a) Forvarm ovnen til 350 grader Fahrenheit. Ferskener skal skylles, halveres og uthules. Puré 2 av ferskenhalvdelene i en foodprosessor.

b) Kombiner puréen, sukkeret, malte mandler, eggeplomme og mandelekstrakt i en røreform. For å lage en jevn pasta, kombinere alle ingrediensene i en miksebolle.

c) Hell fyllet over hver ferskenhalvdel og legg de fylte ferskenhalvdelene i et smurt stekebrett.

d) Dryss over skivede mandler og pensle resten av smøret over ferskenene før de stekes i 45 minutter.

e) Serveres varm eller kald, med en side av krem eller is.

68. Krydret italiensk sviske-plommekake

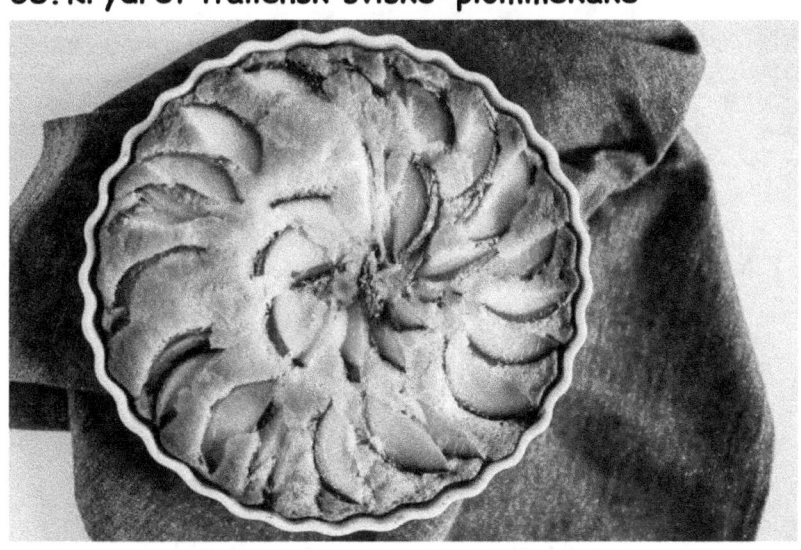

Porsjoner : 12 porsjoner

Ingrediens

- 2 kopper Pitted og firkantet italiensk
- Sviske-plommer, kokt til
- Myk og avkjølt
- 1 kopp Usaltet smør, myknet
- 1¾ kopp Granulert sukker
- 4 Egg
- 3 kopper Siktet mel
- ¼ kopp Usaltet smør
- ½ pund Melis
- 1½ spiseskje Usøtet kakao
- Klyp salt
- 1 teskje Kanel
- ½ teskje Malt nellik
- ½ teskje Malt muskatnøtt
- 2 teskjeer Bakepulver

- ½ kopp Melk
- 1 kopp Valnøtter, finhakket
- 2 Til 3 ss sterk, varm
- Kaffe
- ¾ teskje Vanilje

Veibeskrivelse:

a) Forvarm ovnen til 350°F. Smør og mel en 10-tommers Bundt-panne.

b) I en stor blandebasseng, fløt sammen smør og sukker til det er lett og luftig.

c) Pisk inn eggene ett etter ett.

d) Bland mel, krydder og natron i en sikt. I tredjedeler, tilsett melblandingen i smørblandingen, alternerende med melken. Pisk kun for å kombinere ingrediensene.

e) Tilsett de kokte sviskeplommene og valnøtter og rør for å kombinere. Vend inn i tilberedt panne og stek i 1 time i en 350°F ovn, eller til kaken begynner å krympe fra pannens sider.

f) For å lage frostingen, fløt sammen smør og konditorsukker. Tilsett sukkeret og kakaopulveret gradvis under konstant omrøring til det er helt kombinert. Smak til med salt.

g) Rør inn en liten mengde kaffe om gangen.

h) Pisk til det er lett og luftig, tilsett deretter vanilje og dekorer kaken.

69. Spansk nøttegodteri

Porsjoner : 1 porsjoner

Ingrediens

- 1 kopp Melk
- 3 kopper Lys brunt sukker
- 1 ss smør
- 1 teskje Vaniljeekstrakt
- 1 pund valnøtt kjøtt; hakket

Veibeskrivelse :

a) Kok opp melken med brunt sukker til det karamelliserer, tilsett deretter smør og vaniljeessens rett før servering.

b) Rett før du fjerner godteriet fra bålet, tilsett valnøttene.

c) Bland nøttene grundig i en stor miksebolle og hell blandingen i forberedte muffinsformer.

d) Skjær i firkanter med en skarp kniv med en gang.

70. Honeyed pudding

Porsjoner : 6 porsjoner

Ingrediens

- ¼ kopp Usaltet smør
- 1½ kopp Melk
- 2 store egg; lett slått
- 6 skiver Hvitt landbrød; revet
- ½ kopp Klar; tynn honning, pluss
- 1 spiseskje Klar; tynn honning
- ½ kopp Varmt vann; Plus
- 1 spiseskje Varmt vann
- ¼ teskje Malt kanel
- ¼ teskje Vanilje

Veibeskrivelse :

a) Forvarm ovnen til 350 grader og bruk litt av smøret til å smøre en 9-tommers paiform i glass. Visp sammen melk og egg, tilsett deretter brødbitene og vend for å dekke dem jevnt.

b) La brødet trekke i 15 til 20 minutter, snu en eller to ganger. Varm opp resten av smøret på middels varme i en stor stekepanne.

c) Stek det bløtlagte brødet i smøret til det er gyldent, ca 2 til 3 minutter på hver side. Overfør brødet til bakebollen.

d) Kombiner honningen og det varme vannet i en bolle og rør til blandingen er jevnt blandet.

e) Rør inn kanel og vanilje og ringle blandingen over og rundt brødet.

f) Stek i ca 30 minutter, eller til de er gyldenbrune.

71. Spansk løktorte

Porsjoner : 2 porsjoner

Ingrediens

- ½ teskje Oliven olje
- 1 liter Spansk løk
- ¼ kopp Vann
- ¼ kopp rødvin
- ¼ teskje Tørket rosmarin
- 250 gram Poteter
- 3/16 kopp Naturell yoghurt
- ½ spiseskje Vanlig mel
- ½ Egg
- ¼ kopp Parmesan ost
- ⅛ kopp Finhakket italiensk persille

Veibeskrivelse :

a) Forbered den spanske løken ved å skjære dem i tynne skiver og rive poteter og parmesanost.

b) Varm opp oljen i en tykkbunnet panne. Kok, rør av og til, til løken er myk.

c) La småkoke i 20 minutter, eller til væsken har fordampet og løken har fått en mørk-rødbrun farge.

d) Bland rosmarin, poteter, mel, yoghurt, egg og parmesanost sammen i en miksebolle. Ha i løkene.

e) ingrediensene jevnt i en godt smurt 25 cm ildfast form. Forvarm ovnen til 200°C og stek i 35-40 minutter, eller til den er gyldenbrun.

f) Pynt med persille før du skjærer i skiver og serverer.

72. Spansk pan soufflé

Porsjoner : 1

Ingrediens

- 1 Boks spansk rask brun ris
- 4 Egg
- 4 unser Hakket grønn chili
- 1 kopp Vann
- 1 kopp Revet ost

Veibeskrivelse :

a) Følg instruksjonene på emballasjen for å tilberede innholdet i boksen.

b) Når risen er ferdig, visp inn de resterende ingrediensene, unntatt osten.

c) Topp med revet ost og stek ved 325°F i 30-35 minutter.

73. Frossen honning Semifreddo

Serverer: 8 porsjoner

Ingredienser

- 8 gram tung krem
- 1 ts vaniljeekstrakt
- 1/4 ts rosevann
- 4 store egg
- 4 1/2 gram honning
- 1/4 ts pluss 1/8 ts kosher salt
- Toppings som oppskåret frukt, ristede nøtter, kakaonibs eller barbert sjokolade

Veibeskrivelse

a) Forvarm ovnen til 350°F. Kle en 9-x-5-tommers brødform med plastfolie eller bakepapir.

b) For Semifreddo, i bollen til en stativmikser utstyrt med et visptilbehør, pisk fløte, vanilje og rosevann til det er stivt.

c) Overfør til en egen bolle eller tallerken, dekk til og avkjøl til den skal brukes.

d) I bollen til en stavmikser, visp sammen egg, honning og salt. For å blande, bruk en fleksibel slikkepott for å røre alt sammen. Juster varmen for å opprettholde en sakte koking over det forberedte vannbadet, og pass på at bollen ikke berører vannet.

e) I en kum i rustfritt stål, kok, virvling og skraping regelmessig med en fleksibel slikkepott, til den er oppvarmet til 165 °F, ca. 10 minutter.

f) Overfør blandingen til en stativmikser utstyrt med visp når den når 165 °F. Pisk eggene høyt til de er skummende.

g) Visp forsiktig inn halvparten av den tilberedte kremfløten for hånd. Tilsett de resterende ingrediensene , visp raskt og vend deretter inn med en fleksibel slikkepott til den er godt blandet.

h) Skrap i tilberedt brødform, dekk godt til og frys i 8 timer eller til den er solid nok til å skjære i skiver, eller til den indre temperaturen når 0°F.

i) Vend semifreddo over på en avkjølt tallerken for servering.

74. Zabaglione

Porsjoner: 4

Ingredienser

- 4 eggeplommer
- 1/4 kopp sukker
- 1/2 kopp Marsala Tørr eller annen tørr hvitvin
- noen kvister fersk mynte

Veibeskrivelse :

a) I en varmebestandig vask, visp sammen eggeplommene og sukkeret til det er svakt gult og blankt. Marsalaen skal så piskes inn.

b) Kok opp en middels kjele halvveis full av vann. Begynn å piske egg/vinblandingen i den varmefaste bollen oppå gryta.

c) Fortsett å piske i 10 minutter med elektriske visper (eller en visp) over varmt vann.

d) Bruk et øyeblikkelig avlest termometer for å sikre at blandingen når 160 °F under kokeperioden.

e) Fjern fra varmen og øs zabaglione over den tilberedte frukten, pynt med friske mynteblader.

f) Zabaglione er like deilig servert på toppen av iskrem eller alene.

75. Affogato

Porsjoner: 1

Ingredienser

- 1 skje vaniljeis
- 1 shot espresso
- En skvett sjokoladesaus, valgfritt

Veibeskrivelse :

a) Ha en skje med vaniljeis og 1 shot espresso i et glass.

b) Tjen !

MIDDELHAVSDRIKKER

76. Rom og ingefær

Porsjoner: 1 person

Ingredienser :

- 50 ml Bacardi rom
- 100 ml ingefærøl
- 2 limeskiver
- 2 streker Angostura bitters
- 1 kvist mynte

Veibeskrivelse :

a) Tilsett is i et glass.

b) Tilsett limejuice, rom, ingefærøl og bitter .

c) ingrediensene forsiktig sammen.

d) Pynt med en limeskive og mynteblader.

e) Tjene.

77. Italiensk krembrus

Porsjoner: 1 porsjoner

Ingrediens

- 1 unse kald melk
- 1 unse til 1 1/2 oz fersken eller annen smak av sirup
- Is
- 9 gram sprudlende vann
- Frisk frukt eller halv og halv til pynt

Veibeskrivelse :

a) Kombiner melken og sirupen i et 12 oz glass og rør grundig.

b) Fyll glasset halvveis med is, og topp det deretter med sprudlende vann. Rør en gang til.

c) Server med frisk frukt eller en teskje halv-og-halvt som garnityr.

78. Spansk sangria

Porsjoner: 6 til 8 porsjoner

Ingredienser

- 1 appelsin, i skiver
- 2 sitroner, i skiver
- 1/2 kopp sukker
- 2 flasker rødvin
- 2 unser trippel sek
- 1/2 kopp konjakk
- 2 (12 unse) bokser sitron-lime brus

Veibeskrivelse :

a) I en stor bolle, skjær appelsinen og sitronene i 1/8-tommers tykke skiver.

b) Tilsett 1/2 kopp sukker (eller mindre om ønskelig) og la frukten trekke i sukker i ca. 10 minutter, akkurat lenge nok til at fruktens naturlige juice flyter.

c) Tilsett vinen og rør godt for å løse opp sukkeret.

d) Rør inn triple sec og konjakk.

e) Tilsett 2 bokser brus og rør

f) Tilsett mer sukker eller brus om ønskelig. Sjekk om sukkeret er helt oppløst.

g) Tilsett en stor mengde is for å avkjøle punsjbollen helt.

h) Hvis du serverer sangria i mugger, fyll dem halvveis med is og hell deretter sangria over den.

79. Tinto de verano

Servering: 1 porsjon

Ingredienser

- 3 til 4 isbiter
- 1/2 kopp rødvin
- 1/2 kopp sitron-lime brus
- Sitronskive, til pynt

Veibeskrivelse :

a) Legg isbiter i et høyt glass.

b) Ha i rødvin og brus.

c) Server med en sitronskive som garnityr.

80. Hvitvinsangria

Porsjoner: 8 porsjoner

Ingredienser

- 3 mellomstore appelsiner eller 1 kopp appelsinjuice
- 1 sitron, kuttet i terninger
- 1 lime, kuttet i terninger
- 1 flaske hvitvin, avkjølt
- 2 gram konjakk, valgfritt
- 2/3 kopp hvitt sukker
- 2 kopper club soda, eller ingefærøl

Veibeskrivelse :

a) I en mugge presser du saften fra sitrusbitene.

b) Fjern frøene og legg i kilene hvis mulig. Fyll muggen med appelsinjuice hvis du bruker den i stedet.

c) Hell hvitvinen over frukten i muggen.

d) Tilsett konjakk og sukker, hvis du bruker. For å sikre at alt sukkeret er oppløst, rør kraftig.

e) Oppbevar den kjølig hvis den ikke serveres med en gang.

f) For å holde sangriaen glitrende, tilsett ingefærøl eller klubbbrus rett før servering.

81. Horchata

Porsjoner: 4 porsjoner

Ingredienser

- 1 kopp langkornet hvit ris
- 1 kanelstang, knust
- 1 ts limeskall
- 5 kopper drikkevann (delt)
- 1/2 kopp granulert sukker

Veibeskrivelse :

a) Pulver risen i en blender til den får en melete konsistens.

b) Kast den med kanelstang og limeskall, og la den hvile i en lufttett beholder i romtemperatur over natten.

c) Ha risblandingen tilbake i blenderen og kjør til kanelstangbitene er helt brutt ned.

d) Rør inn 2 kopper vann i blandingen.

e) Bløtlegg den i kjøleskapet i noen timer.

f) Sil væsken gjennom en fin sil eller et par lag med osteduk over i en mugge eller bolle, klem ofte for å fjerne så mye av melkeaktig risvann som mulig.

g) Rør inn 3 kopper vann og sukkeret til sukkeret er helt oppløst.

h) Avkjøl horchataen før servering.

82. Licor 43 Cuba Libre

Servering: 1 porsjon

Ingredienser

- 1 unse Licor 43
- 1/2 unse rom
- 8 gram cola
- 1/2 unse sitronsaft
- Sitronskive, til pynt

Veibeskrivelse :

a) Plasser isbiter i et 12-unse glass.

b) Sett Licor 43 og rom inn i glasset; topp med cola.

c) Press sitronsaften i glasset; Rør for å kombinere; og server med en sitronskive som garnityr.

d) Nyt!

83. Frukt Agua Fresca

Ingredienser

- 4 kopper drikkevann
- 2 kopper frisk frukt
- 1/4 kopp sukker
- 2 ts ferskpresset limejuice
- limebåter til pynt
- Is

Veibeskrivelse :

a) Bland vann, sukker og frukt i en blender.

b) Puré til den er helt jevn. Fyll en mugge eller serveringsbeholder halvveis med blandingen.

c) Tilsett limesaften og rør for å kombinere. Tilsett eventuelt mer sukker etter å ha smakt.

d) Server med en skive sitron eller lime som garnityr.

e) Server om ønskelig over is.

84. Caipirinha

Servering: 1 porsjon

Ingredienser

- 1/2 lime
- 1 1/2 ts superfint sukker
- 2 gram cachaça/sukkerrør brennevin
- Limehjul, til pynt

Veibeskrivelse :

a) Skjær en halv lime i små skiver med en kniv.

b) Bland lime og sukker sammen i et gammeldags glass.

c) Tilsett cachaçaen i drinken og rør godt.

d) Tilsett små isbiter eller knust is i glasset, rør igjen, og pynt deretter med et limehjul.

85. Carajillo

Ingredienser

- ½ kopp brygget espresso eller koffeinfri espresso
- 1 ½ til 2 unser Licor 43
- 8 isbiter

Veibeskrivelse :

a) Hell 12 til 2 gram Licor 43 over is i et gammeldags glass.

b) Øs nybrygget espresso sakte over toppen.

c) Hell espressoen over baksiden av en skje for å skape en lagdelt effekt, og server deretter.

86. Sitronlikør

Ingredienser

- 10 sitroner økologisk foretrukket
- 4 kopper vodka av høy kvalitet som Grey Goose
- 3 ½ kopper vann
- 2 ½ kopper granulert sukker

Veibeskrivelse :

a) Vask sitronene med en grønnsaksbørste og varmt vann for å fjerne rester av plantevernmidler eller voks. Tørk sitronene.

b) Fjern skallet fra sitronene i lange strimler med en grønnsaksskreller, bruk kun den gule ytterste delen av skallet. Marven, som er den hvite delen under skallet, er ekstremt bitter. Ha sitronene til bruk i en annen rett.

c) Hell i vodkaen i en stor krukke eller mugge.

d) Kast sitronskallene i den store krukken eller muggen og dekk til med et lokk eller plastfolie.

e) Stek sitronskallene i vodkaen i romtemperatur i 10 dager.

f) Etter 10 dager, ha vannet og sukkeret i en stor kjele på middels varme og kok sakte opp, ca. 5-7 minutter. La det avkjøles helt.

g) Fjern sirupen fra varmen og sett den til avkjøling før du kombinerer den med Limoncello-blandingen av sitronskall og vodka. Fyll sitron/vodka-blandingen halvveis med sukkersirup.

h) Sil limoncelloen med en nettingsil, et kaffefilter eller osteduk.

i) Kast ut skallene. Bruk en liten trakt, overfør til dekorative klemmeflasker.

j) Avkjøl flaskene til de er helt kalde.

87. Sgroppino

Ingredienser

- 4 oz vodka
- 8 oz Prosecco
- 1 sats sitronsorbet
- Valgfritt pynt
- sitronskall
- sitronskiver
- sitron vri
- friske mynteblader
- friske basilikumblader

Veibeskrivelse :

a) Kombiner de tre første ingrediensene i en blender.

b) Bearbeid til den er jevn og blandet.

c) Server i champagneflutes eller vinglass.

88. Aperol Spritz

Ingredienser

- 3 gram prosecco
- 2 gram Aperol
- 1 unse club brus
- Pynt: appelsinskive

Veibeskrivelse :

a) I et vinglass fylt med is, visp sammen prosecco, Aperol og club soda.

b) Tilsett en appelsinskive som garnityr.

89. Blackberry italiensk brus

Ingredienser

- 1/3 kopp bjørnebærsirup
- 2/3 kopp klubbbrus

Veibeskrivelse

a) Hell sirupen i et 10 unse glass.

b) Tilsett brusen og rør godt.

90. Italiensk kaffe Granita

Ingredienser

- 4 kopper vann
- 1 kopp malt espresso-brent kaffe
- 1 kopp sukker

Veibeskrivelse :

a) Kok opp vannet, tilsett så kaffen. Hell kaffen gjennom en sil. Tilsett sukkeret og bland godt. La blandingen avkjøles til romtemperatur.

b) Stek **ingrediensene** i en 9x13x2 panne i 20 minutter. Bruk en flat slikkepott, skrap blandingen (jeg liker å bruke en gaffel personlig).

c) Skrap hvert 10.-15. minutt til blandingen er tykk og grynet. Hvis det dannes tykke biter, puréer du dem i en foodprosessor før du setter dem tilbake i fryseren.

d) Server med en liten klatt kald krem i en vakker, avkjølt dessert eller Martini-time.

91. Italiensk basilikum lemonade

Porsjoner: 6

Ingredienser

- 3 sitroner
- ⅓ kopp sukker
- 2 kopper vann
- 1 kopp sitronsaft
- ¼ kopp friske basilikumblader

Å servere:

- 2 kopper vann eller klubbbrus avkjølt
- Knust is
- Pynt med sitronskiver og basilikumkvister

Veibeskrivelse :

a) Kombiner sukker, vann og 1 kopp sitronsaft i en kjele over middels varme.

b) Rør og kok til denne blandingen koker opp og sukkeret er oppløst. Ta kjelen av varmen og rør inn basilikumblader og strimler av sitronskall.

c) La basilikumen trekke i vannet i 5-10 minutter.

d) Fjern basilikum- og skallbitene fra sitronbasilikumsirupen ved å sile den. Avkjøl til den er helt avkjølt i en murboks eller annen dekket beholder.

e) Når du er klar til å servere limonade, kombinerer du limonadekonsentrat, vann eller klubbbrus, knust is og basilikumkvister i en mugge.

f) Hell i separate glass.

g) Topp med friske basilikumblader og sitronskiver til pynt.

92. Gingermore

Ingredienser

- 1 oz limejuice
- 2 små skiver fersk ingefær
- 4 bjørnebær
- Sanpellegrino Limonata

Veibeskrivelse :

a) Bland bjørnebærene og fersk ingefær i bunnen av et solid, høyt glass (14 oz kapasitet).

b) Sett isbiter i glasset og topp med Sanpellegrino Limonata.

c) Bruk en skje og bland ingrediensene forsiktig.

d) Tilsett sitronskall, bjørnebær og fersk mynte til pynt.

93. Hugo

SERVERING 1

Ingredienser

- 15 cl Prosecco, avkjølt
- 2 cl hyllebærsirup, eller sitronmelissesirup
- et par mynteblader
- 1 ferskpresset sitronsaft, eller limejuice
- 3 isbiter
- shot musserende mineralvann, eller brusvann
- skive sitron, eller lime til dekorasjon av glasset eller som garnityr

Veibeskrivelse :

a) Ha isbitene, sirupen og myntebladene i et rødvinsglass. Jeg anbefaler å klappe myntebladene lett på forhånd da dette vil aktivere aromaen til urten.

b) Hell ferskpresset sitron- eller limejuice i glasset. Legg en skive sitron eller lime i glasset og tilsett kjølig Prosecco.

c) Etter en liten stund, tilsett en skvett sprudlende mineralvann.

94. Spansk frisk frukt frappé

Porsjoner : 6 porsjoner

Ingredienser :

- 1 kopp Vannmelon , i terninger
- 1 kopp Cantaloupe , i terninger
- 1 kopp Ananas , i terninger
- 1 kopp Mango , i skiver
- 1 kopp Jordbær , halvert
- 1 kopp appelsinjuice
- ¼ kopp Sukker

Veibeskrivelse :

a) Kombiner alle **ingrediensene** i en miksebolle. Fyll blenderen halvveis med innholdet og fyll opp med knust is.

b) Dekk til og bland på høy hastighet til du får en jevn konsistens. Gjenta med resten av blandingen.

c) Server umiddelbart, med frisk frukt ved siden av om ønskelig.

95. S pansk-stil varm sjokolade

Porsjoner : 6 porsjoner

Ingrediens

- ½ pund Søt bakersjokolade
- 1 liter Melk; (eller 1/2 melk halv vann)
- 2 teskjeer Maisstivelse

Veibeskrivelse :

a) Knekk sjokoladen i små biter og bland den med melken i en kjele.

b) Varm sakte opp, mens du rører konstant med en visp, til blandingen når rett under kokepunktet.

c) Bruk noen teskjeer vann, løs opp maisstivelse.

d) Rør inn oppløst maisstivelse i sjokoladeblandingen til væsken tykner.

e) Server umiddelbart i varme glass.

96. Grønn Chinotto

Ingredienser :

- 1 oz/3 cl salvie og mynte sirup
- ¾ oz/2,5 cl limejuice
- Fyll på med Sanpellegrino Chinotto

Veibeskrivelse :

a) Hell all sirup og juice i et stort, solid glass.

b) Bruk en skje, og rør alt forsiktig sammen.

c) Tilsett is i glasset og topp med Sanpellegrino Chinotto.

d) Server med limebit og fersk mynte som garnityr.

97. Rose Spritz

Porsjoner : 1 drink

Ingredienser

- 2 gram rose Aperitivo eller roselikør
- 6 gram Prosecco eller musserende vin
- 2 gram brus
- Skive grapefrukt til pynt

Veibeskrivelse :

a) Kombiner 1 del rose Aperitivo, 3 deler Prosecco og 1 del brus i en cocktailshaker.

b) Rist kraftig og sil over i et cocktailglass.

c) Tilsett knust is eller isbiter.

d) Legg til en grapefruktskive som garnityr. Drikk så snart som mulig.

98. Ho ney bee cortado

Ingredienser :

- 2 shots espresso
- 60 ml dampet melk
- 0,7 ml vaniljesirup
- 0,7 ml honningsirup

Veibeskrivelse :

a) Lag en dobbel espressoshot.

b) Gi melken et oppkok.

c) Kast kaffen med vanilje- og honningsirupene og rør godt.

d) Skum et tynt lag oppå kaffe/sirupblandingen ved å tilsette like deler melk.

99. Sitrusbitter

Porsjoner: 2

Ingredienser :

- 4 appelsiner gjerne økologiske
- 3 ss stjerneanis
- 1 ss nellik
- 1 ss grønne kardemommebelger
- 1 ss gentianarot
- 2 kopper vodka eller annen sterk alkohol

Veibeskrivelse :

a) Tilsett det tørkede appelsinskallet, de andre krydderne og ensianroten i en glasskrukke. For å avdekke frøene i kardemommebelgene, knus dem.

b) Bruk en sterk alkohol etter eget valg, dekk appelsinskallene og krydderne helt.

c) Rist blandingen med alkoholen de neste dagene. Tillat mange dager til uker for appelsinskallene og krydderne å trenge inn i alkoholen.

d) Sil bort skreller og krydder fra den nå smakfulle alkoholtinkturen.

100. Pisco Sour

Porsjoner 1

Ingredienser

- 2 oz pisco
- 1 oz enkel sirup
- $\frac{3}{4}$ oz nøkkellimejuice
- 1 eggehvite
- 2-3 streker Angostura bitters

Veibeskrivelse

a) Bland pisco, limejuice, enkel sirup og eggehvite i en cocktailshaker.

b) Tilsett is og rist kraftig.

c) Sil over i et vintageglass.

d) Topp skummet med noen skvetter Angostura bitters.

KONKLUSJON

Når vi lukker sidene til "A Mediterranean Culinary Journey", håper vi du har følt varmen fra middelhavssolen og omfavnelsen av dens rike kulinariske arv. Gjennom hver oppskrift har du koblet deg til generasjoner tidligere og nåtid, og oppdaget kunsten å forvandle enkle ingredienser til ekstraordinære retter som gir næring til både kropp og sjel.

Måtte smakene fra Middelhavet fortsette å inspirere kjøkkeneventyrene dine. Enten du gjenskaper et kjært minne eller legger ut på en ny kulinarisk utforskning, kan Middelhavets ånd fylle hver bit med glede, takknemlighet og en følelse av tilknytning til verden rundt oss.

Takk for at du legger ut på denne reisen med oss. Mens du fortsetter å nyte solen gjennom matlagingen, må bordet ditt være et sted for feiring, tilkobling og den reneste nytelsen av livets utsøkte smaker.

www.ingramcontent.com/pod-product-compliance
Lightning Source LLC
LaVergne TN
LVHW021653060526
838200LV00050B/2335